速成手册系列

First Steps through
Separation and Divorce

如何走出分手阴影

Penny Rich

佩妮·里奇 著
高建红 译

华东师范大学出版社

编者的话

现代生活的八大病症:焦虑、失眠、抑郁、肥胖、赌博、酗酒、烟瘾、以及婚姻的失败。这种"现代病"有时会困扰你一时,如果不能及时克服的话,甚至会困扰你一生。归纳这些"现代病"的基本征兆如下:

——嫌自己太胖,尝试各种**减肥**方法都没有效果。

——明知**抽烟**有害,想戒,但不能坚持,一次次功亏一篑。

——**嗜酒**如命,想要戒酒,又无力抵挡酒精的诱惑,最终走上酗酒之路,无法自拔。

——沉迷于赌博,屡输屡赌,深陷其中,欲罢不能。

——当失眠成为一种习惯,白天无精打彩,入夜辗转反侧,睡梦成了一种奢求。

——一段失败的婚姻,令你茫然失措,不知道如何直面今后的生活。

——在日常生活工作中,一种无名的焦虑感始终伴随而至,让你身心疲惫,不堪重负。

——无论是成功或挫折,荣耀或压力,都会让你步入抑郁的泥沼,一旦深陷,找不到摆脱痛苦的出路,有一种不可救药之感。

无论你遇到了上述哪种问题,相信它都已经在无形中对你的生活造成了不同程度的消极影响。如果你已下定决心去克服,但又苦于找不到正确且有效的方法,那么这套"速成手册系列"丛书就是专门为你而量身定制的。

本套丛书共包含八本小册子,分别为《如何迈出减肥第一步》、《如何迈出戒烟第一步》、《如何迈出戒酒第一步》、《如何迈出戒赌第一步》、《如何摆脱失眠困扰》、《如何走出分手阴影》、《如何消除焦虑困扰》,以及《如何克服抑郁困扰》。撰写这些小册子的作者均为来自各个相关领域的实干型专家,其中包括专职的心理学家、著名医生等各行业拥有广泛知名度的成功人士,他们中亦不乏有人曾亲身经历上述困境,一度挣扎在无尽的黑暗中,找不到方向,但最终凭借自身的努力和毅力,战胜了"病魔",重新收获了美好的生活。他们将自己一路走来的体验和经历写入书中,以感同身受的言语,为深受同样问题困扰的读者提供兼具专业性与实用性的指导意见,相信作为读者的你在阅读这本小册子的时候,不仅可以看到自己的影子,同时也能从中汲取改变自身现状的信心和勇气。

现在,开始阅读这本小册子吧!如果有需要的话,你还可以将它带在身边,随时翻阅。希望有一天,当你合上它的时候,你会发现自己的生活已经重新回到了健康、积极的轨道上。到那时,我们编译这套丛书的初衷也就实现了!

我很庆幸自己拥有四位挚友,在我感到最痛苦无助的时候,是她们给了我极大的关爱和支持。这四位挚友与我有着相似的经历,她们有的刚从婚姻失败的阴影中走出,有的正在处理离婚事宜,还有的即将结束自己多年的感情。我把她们的建议、教训、欢笑与泪水都写进了这本书里,所以我要把这本书献给她们:

萨拉、佩塔、珍妮和卡伦。

亲爱的朋友,不论你经历过什么样的感情挫折,都要学会放下,与往事干杯,千万不要呆在离婚的死巷子里,一定要振作起来!

至于我的朋友利兹、西娅和布里奇特,还有我的教女以及我自己的女儿,我希望她们永远都不需要读这本书。

为什么选择这本书?

你的婚姻最终将走向尽头,你是否正面临这一残酷的现实?

你发现自己

- 悲伤、生气或者感到害怕?
- 被与此有关的那些文件弄得焦头烂额?
- 想知道如何才能照顾好自己和家庭?

分手和离婚带来的痛苦会让人觉得难以承受,但不一定会打败你。

这本书会清楚地告诉你

- 你需要做什么和什么时候去做;

- 当你只想窝在床上什么都不愿做时,该怎么办;
- 如何开始新的生活,并且学会享受它。

本书会陪伴你走出这段你不愿经历的旅程!

目 录

引言/1

1 决裂(……很难做到)/7

2 脱离苦海(……或关系结束)/16

3 法律问题(……必要的恶)/28

4 破碎的心(……如何修复)/44

5 破碎的家(……独自一人)/52

6 重新开始(……勇敢点)/63

7 事情要往好的方面想(……不要往坏处考虑)/72

8　我要报复(……离婚的人说)/82

9　关于前任(……如何赢得游戏)/89

10　学会爱和珍惜(……从今天开始)/104

写给亲友的话/113

引 言

这是一本关于什么的书？

离婚（divorce）【名词】：通过法院判决解除婚姻关系；【单数】使曾经或者应该在一起的东西分开。

来源：法语，来自拉丁语 *divortium*

派生词：**divorcement**，**divorcee**

以上是《牛津英语词典》（牛津大学出版社）对"离婚"一词的解释，下面是我根据个人经验给出的定义：

一段健康、长久、美满的婚姻,取决于夫妻双方彼此的尊重、信任、爱、体贴、关心、付出和共同努力,最为重要的是,两个人要能够一起成长和改变。没有这些,婚姻就会死亡。

我对"离婚"一词的界定是很人性化的。但是,在人人都争着去享有各种权利、追求独立、个人主义盛行的21世纪,这样的要求对生活在一起的两个人来说还是相当高的。因此,在西方最自由的两个国家——英国和美国,目前有将近一半的婚姻都以离婚而收场,也就不足为奇了。根据国家统计局的调查,在英国,婚姻维系的平均时间为11年半,但倘若你们只是"生活在一起",也就是说同居,这段关系维系的平均时间则是3年。

可见,婚姻破裂或者恋情触礁,在生活中并非个例。有成百上千的人,正在经历着同样的事情。分手或者离婚,是我们人生中要经历的最艰难的五件事之一,其他四件包括失去亲人、搬家、结婚和跳槽。而结束一段关系要涉及这五件事的所有方面,比如失落,卷铺盖走人,在短时间内对许多事情做出决定和规划,生活窘迫,必须想方设法让荷包鼓起来;此外,还有埋怨、忧虑、伤心、暴怒、生活一团糟和情绪上的波动。

这就是本书要讨论的内容:如何结束一段关系,并找到应对之策。

这本书为谁而写?

"从此过上幸福生活"的美好愿景最终破灭了,我希望本书能够帮到那些为此而感到失意的人。为什么婚姻关系的破裂会如此令人崩溃、难受和痛苦?因为我们最初深爱并与之携手步入婚姻殿堂的人,如今却让我们再也无法忍受。本书就是为那些受到以上问题困扰的人所写:

- 为人父母者,家庭成员或朋友,夫妻或情侣。
- 在感情上受到打击的人,无论你们仍生活在一起,还是已经分手或离婚。
- 所有正在承受感情破裂所带来的痛苦的朋友、家人或者孩子。

- 正一步步走向分手或者离婚这一危险旅程的人。

怎样读这本书?

你可以随心所欲地读,如果你需要先读其中的某一章,那就尽管去读吧。为了对处于离婚过程任一阶段的你都有所帮助,我试着以事情通常发生的先后顺序来写这本书。可能在走到某一步之前,你就阅读了相关的章节;但未雨绸缪,这或许能让你看清以后会遇到的各种问题。本书各章节的安排比较灵活,主要涵盖以下内容:

- 做决定
- 情绪方面的影响
- 法律方面的实际问题
- 抚平内心的伤痛
- 应对变化和混乱的局面
- 解决焦虑和恐惧问题
- 尽量做到乐观

- 尽量消除愤怒的情绪和报复的想法
- 如何与你的前任进行沟通
- 如何迎接和享受新的生活

为什么要写这本书?

大约在同一时期,我和另外4个朋友都遇到分手或者离婚的问题,我们一共有14个孩子。尽管人生各不相同,但我们似乎都在相同的时间有着相似的经历。因此,你将会在本书中看到非常个人化、非常实际的建议,而这些建议都来自理性冷静的过来人。可能会有一些章节标题显得很有趣(笑有助于我们走过人生的风风雨雨),但是在每一页上都浸透着惨痛的教训。

这不是关于我的书;而是一本涉及你和你的人生旅程的书。这段旅程看似走进了死胡同(离婚之路),实际上却是要引导你——敢于迈出离婚这一步的人——开始新的生活。在必要的时候,我会时不时地讲一讲我本人的故事,简单来说就是:在经历了漫长的水火不容的一年之后，2009年，我结束了自己长达22年的婚姻；没有第三者介入；我的前夫现在与我互不往来；一年多的时间里，我十多岁的女儿不愿见我，也不肯跟我说话；正如他们所说的，我还没有"越过这道坎儿"。不过，时间是一个伟大的治疗师，每天从睡梦中醒来时，我心头不再压着一块大石头。我真的在努力享受新生活。

就像所有伟大的冒险一样，离婚是一场奥德修斯式的远行。在这一路中，关于你和你的生活，你可以学到很多东西。我希望阅读本书能对你有所帮助，使你的离婚之旅变得不再那么沉重。

如果你想就本书说点什么，也愿意与别人分享你的故事，或者看看接下来会发生什么，请访问我的网站：www.pennyrichthewriter.com。

1
决裂(……很难做到)

　　如果你正在读这本书,说明你的感情生活已经出现了问题。与得一场急性麻疹不同,分手和离婚不是突然发生的,你也并非一觉睡醒就不再爱一个人。你可能在一段时间里,几周、几个月,也可能是几年,一直在犹豫是否要结束一段感情,而这就是本章要讨论的问题。这也意味着你最近的生活出现了烦恼、争吵、对现实的逃避、意见不合、情绪上的波动,以及成人后最让人进退两难的问题:我是要为拯救我的婚姻而战,继续努力修复这段关系,还是放弃?

对于这个问题,并没有一个显而易见的答案,特别是如果牵涉到孩子或者你深陷于这段关系已有一段时间。最终的决定,很大程度上取决于,为什么你会觉得彼此不再相爱。不管答案是什么,可能你们之间产生了距离,各自生活已有一段时间。可能你的伴侣离家出走,留下你无从选择。在精神和肉体上,你们之间的关系经受了严酷考验。可能你与一个喜欢撒谎的人生活在一起,因而不再信任对方。可能你们碰到了经济困难,或者你们之间还有其他个人的问题。或许是对方出轨,或许你们总是在吵嘴,相互之间缺乏尊重,没有性生活,缺少关心和被爱的感觉。或许你只是觉得受到太多束缚,感觉喘不过气来。

总之,原因很多,但所有失败婚姻的根源都在于:如果不能一起成长和共同改变,那么双方最终将会因为彼此需求不同而分道扬镳。一旦两个人像是从一个模子里刻出来的,而事情却发生了变化(即使是模子!),并且随着时间的流逝,生活变得更为琐碎,结果就是:甚至是那些曾经让你觉得对方可爱的地方(她/他是如此不紧不慢和有趣)也变得令人厌恶(为什么她/他不把牙膏的盖子盖好,完了还要告诉我,让我不爽?)。

无论你的个人理由是什么,所有的关系破裂都有一个共同点:下定决心同你曾经深爱并且想要与之步入婚姻殿堂或者白头偕老的那个人分手,需要花很长时间,而且会很痛苦。

常见的误解

分手或离婚是件很简单的事。

不,绝对不是这样的。结束一段关系,是你人生中将会面临的最艰难的挑战之一。

你确定吗?

最终还是得分手,对你来说,尽管这是个沉重的打击,但未尝不是一种解脱。生活中有如此多的痛苦和烦恼,大多数人最终都会有无法再忍受的那一刻。这意味着长期积聚的矛盾此刻已到了一触即发的地步,必须让生活有所改变。因此,弄清楚为什么你会落到如此田地非常重要,这会让你鼓起勇气去直面人生,排除万难,迎接一个新的、不一样的未来。

当你觉得自己受到伤害、被人抛弃,并因此而感到愤怒时(当我的婚姻走到尽头时,我就是这种反应),如果一心只想着离婚而对一切都不管不顾,这样做是非常容易的。如果你确信自己的选择是正确的,并且很清楚你离婚的理由,那么,告别过去、重新开始新的生活只会令你开心。但不管怎样,在你做其他任何事情之前,先放下内心的痛苦,克制住激动的情绪,问自己以下三个问题:

- 我是否尽过自己最大的努力来维系这段关系?
- 如果结束这段关系,我会比现在更不快乐吗?
- 我是否真的觉得需要做些什么来挽救这段关系?

请尽可能如实地回答这些问题并写下来,然后看看自己对这些答案作何感想。此时,你一定要排除任何外部的影响,忽略掉诸如经济问题和孩子方面的因素,因为：

- 父母快乐，孩子才会快乐；
- 孩子们将来会长大并离开父母，但你仍要快乐地生活；
- 金钱买不到幸福和爱情。

深思熟虑后再进行决定非常重要。因为你的决定不仅事关你本人，而且事关你的伴侣以及你们之间的关系。为什么你觉得一切都已结束，弄清楚这一点，将有助于你处理好内心的失落感、恐惧感与挫败感。要知道，在一段不算短(曾经相爱)的关系结束之后，这些感受将会不可避免地伴随而来。

如果你感到踌躇不决，或者心中仍有疑惑，记住……

好吧……

改变你的主意。

正常情况下，大多数人都会想方设法拯救他们失败的婚姻，不想因为一时的冲动而放弃。

如果你不是很确定

想要让一个重要的选择或者决定变得更为明确,就要讨论它。同你信任的某个人交换一下看法,听听他们是怎么说的,这有助于你下定决心。因为当你伤心落泪时,你很难保持清醒的头脑。所以,如果你拿不定主意,就去找找自己的闺蜜或者哥们儿吧,把你的顾虑和进退两难告诉他们。但是,一定要注意,在情绪激动的时候,千万不要说另一半的坏话或者揭对方的老底,这可能会让你在将来感到后悔,这一点非常重要。否则的话,一旦你改变主意,而且最终确定你们之间的关系并没有百分之百地结束,这可能会让你处于十分尴尬的境地。

* **记住**:即使你已经跟无数人说过无数个理由,为什么你会为离开你的另一半而感到高兴,你仍可以改变主意。

如果你更愿意通过不那么私人的途径获得建议,那就去寻求专业支持吧,例如,你所在教会的某个人,受过专业训练的调解员,婚姻指导专家,或者顾问,同他们讨论你所关心的问题,你们交谈的内容都会被保密。

无论你是向朋友还是向专业人士寻求帮助,无须完全照搬他们的建议,尤其是在他们说你应该做什么的时候;因为这是一个关于可能的问题,没有对与错,但是你可以把他们的意见作为参考,这样也许能帮助你做出正确的选择。不管怎样,一旦你这么做了,你的决定就一定不会错。

一个简单的词:结束了。

让我们首先快速地解决一个问题,那就是你是否问心有愧。

一些人把彼此许下的诺言,例如"执子之手,与子偕老",看得非常神圣。如果你是这样的人,你需要问一下自己:如果婚姻已经名存实亡,曾经的山盟海誓是否还有意义？至于那些内疚感、挫败感和不安感，如"我是否应该"、"是否要"、"是否能够"都可以搁置在一边。一定要记住，你已经做出了正确的选择，因为你的理由是无可辩驳的。所有的"如果"和"但是"都需要被埋葬掉。在我们去面对这一选择的后果时，接下来会有一个"自助"的环节，以便让你能够适应未来遇到的种种问题。

这是一个帮助你渡过难关的练习，能让你把内心的委屈全部发泄出来。它会让你感到安心，让你觉得自己是在正确的时间里，基于正当的理由，做出了正确的决定，并且，更为重要的是，你确实愿意这么做。当然，随着时间的流逝，你可能会有与现在不同的看法，但不管是好是坏，事情总是会改变的，明白这个道理也会让人心里觉得踏实多了。

自　助

坦然接受你已经做出的决定。

这个练习就是列一张清单，把你与对方恩断义绝的所有理由都写下来。其他人不会看到，因为随后你会将其撕掉,你可以把自己所有真实的感受都表露出来,不管是伤心难过,还是气急败坏,甚至冷酷无情都无妨。

随手找一张纸和一支笔,画一张三栏表格,如下图:

恩断义绝的理由	我现在对这些理由的看法	我将来可能对这些理由的看法

深呼吸(它会让你的思绪平静),写下你想要写的一切,从最愚蠢的小事到最阴暗、最卑鄙的想法。仔细地看你写下的东西,几天后再看一遍,然后把这张纸放在一个安全的地方,或者烧掉(这是让自己不再胡思乱想的象征性方式)。我希望这会给你一点安慰,知道你此时做出了一个令人满意的选择。从现在开始,你可以平静地面对现实,你未来的生活将不会受到太大的影响。

2
脱离苦海（……或关系结束）

做出分手的决定之后，你可能会感到自己终于解脱了，有一种冲破牢笼、从不幸中摆脱出来的感觉。除此之外，你做出的决定常常还会带来其他一些影响。你们在一起生活时间的长短，你对分手的感受，将决定接下来会发生什么。一旦最初的痛快感消退，通常接踵而至的是情绪的起伏不定。既然大哭一场可以缓解被压抑的情绪，而且你也希望能借此斩断情思，那么就把心底的悲伤都哭出来吧，哪怕是在最让人意想不到的时刻。

2 脱离苦海(……或关系结束)

意想不到,是因为悲伤会在不知不觉中悄悄来临,这可能是在你为家人准备他们最爱吃的晚餐或者打开一封写给"你和你的另一半"的信时,也可能是在有人对你表示同情并好言相慰之后。我最意想不到的一次痛哭,发生在保健中心的接待区。付账单的时候,电脑中跳出了我的生日,工作人员随即唱起了"生日快乐",而在我看来,这却像是一场恶作剧,因为我是孤零零一个人过自己50岁生日的。就这样,两个对我来说完全陌生的人,他们突如其来的善意,让我像报丧的女鬼一般放声大哭起来。我不停地哭泣,差不多用完了半盒纸巾。紧闭的门后,正在进行芳香治疗的顾客,本来可能有的好心情也全被我毁了。至今,我还告诉自己,这是完全正常的行为,而且在当时的情况下,我也别无选择。

在结束一段对自己来说非常重要的感情之后,伤心难过、若有所失、感觉像天塌了一般,这都是极为正常的。无论是即将分手,还是已经离开对方,你都会感到失落。此时正在吞噬你的痛苦,可能并不是你想要的,然而,它对于帮助你学会面对生活中无数已经失去和可能失去的东西,却是必不可少的,因为所有的回忆、希望、计划和梦想此刻已成过眼烟云。

好吧……

痛哭。

把情绪发泄出来,而不是竭力克制,这样对身体更有好处,也会少一些压力。

天哪!

专家们认为,分手或离婚对情绪的影响堪比直系亲属离世。通常情况下,人们要经历五个阶段来接受这个现实,但这个过程需要花费多长时间,对你个人而言究竟有多难面对,是无法预料的。在一段关系结束后,大多数人要花 18 个月到 4 年的时间才能抚平内心的伤痛,让欢笑重新回到自己的生活中。一些人 6 个月就恢复了,另一些人数十年后仍在痛苦中挣扎。在这件事上,没有什么对与错。"是时候开始新的生活了,别再纠缠于过

2 脱离苦海(……或关系结束)

去",话说起来轻巧,做起来可没那么容易。

你会发现自己在这五个阶段中情绪会起伏不定。情绪就像鲨鱼,在大海中漫无目的地游动穿梭,在你自以为平安到达对岸、不再愤怒和消沉时,它会来个突然袭击,将你再次吞噬。情绪处于何种状态取决于自己,在某个时候,你可能会经历五个阶段中的某些阶段,即使不是全部。为了帮助你认识这些阶段,看看下面提到的反应是否给你一种似曾相识的感觉:

- 震惊/否认——你可能会反复唠叨:"这只是一个中年危机,他会回来的";"这肯定不会发生在我们身上?";"过去我认为我们很幸福,现在却变成这样";"我们已经很久没在一起了,但我们能解决这个问题。"

- 生气/怨恨——你可能会反复唠叨:"她怎么敢这么对我,反正她从未爱过我";"我永远不会原谅他做过的事";"我怎么会嫁给这个白痴,满口谎言,欺骗成性,蛮横霸道,幼稚到家,自私自利";"我希望她下地狱,我想……"

- 讨价还价/恳求——你可能会反复唠叨:"求求你,老天爷,如果你能让他回心转意,我保证我会……";"我已经改了,宝贝;让我证明给你看为什么你离不开我";"我知道你还爱着我,只要你愿意,我会为你做任何事情;告诉我你想让我做什么。"

- 内疚/沮丧——你可能会反复唠叨:"我无法再面对了";"痛苦会结束吗?";"我的人生彻底完了。我长得不好看,人又胖,一无是处,没人会喜欢我";"这一切都是我的错。要是我……";"我不知道该怎么办……";"没有人在乎。"

- 接受/希望——你可能会反复唠叨:"我讨厌这样,我会挺过去的";"我不能沉浸于过去";"算了,我已经尽力了";"一切都结束了,但日子还得继续过下去。"

感觉糟透了

现在你知道自己在分手或者离婚之际可能会说些什么,但实际感受又是怎样的呢?在本章开头,我说情绪会

2 脱离苦海(……或关系结束)

起伏不定,因为我本人的感受就是这样。在你醒着的时候,汹涌的情感波涛以翻江倒海之势将你淹没,直到入睡仍不能平息。专家们称这种感受为"痛苦的五个阶段",话说起来轻巧,实际上却并不一定。在有些日子里,你可能会有以下部分或者全部感受:

震惊,六神无主,担忧,悲伤,焦虑,难过,自暴自弃,惊恐,内疚,羞愧,失意,觉得自己让人讨厌、没人爱也没有吸引力,不安,缺乏活力,情绪低落,慌乱,生气,犹豫不决,伤心流泪,害怕,狂暴,心碎,迷失,绝望,有挫败感,紧张,失眠,对人心怀敌意,心烦意乱,后悔,孤独。

接下来的几周,在那些代表你的感受的词上,你可能想要全部画上勾。或许你会感到特别吃惊,没想到自己心里居然积聚了这么多的情绪。其实,这一点都不奇怪,要知道,倘若是在两年前,仅仅在24小时内,我可能就会在所有这些词上都画上勾,还要再另外加上几个词!尽可能不断地提醒自己,这是正常的,有好处的,也是分手过程中必然要经历的。不要自责,不要觉得自己很可笑、精神已接近崩溃,要学会控制自己的情绪。你必须再次面对现实,要擦干眼泪,停止哭泣,爱自己,爱生活,直至重新展露笑颜。你需要的只是时间而已。

但是,在你经历这些阶段时,如果悲伤转变成沮丧,如果你真的无法承受生活对你的这一切打击,你可能需要去医院,把困扰你的问题告诉医生。需要留意的种种迹象是:

- 无法入睡或者不愿起床;
- 感觉生活没有意义,打算结束生命;
- 不厌其烦地沐浴、更衣和化妆;
- 不想出门;
- 6个月之后,每天都会在某个时刻哭泣;
- 无法享受美食、锻炼、阅读、出游,或者任何你曾经喜欢的东西;
- 感到劳累和身心俱疲,无法放松,难以做出决定,或者感觉一切都没有意义。

这些症状意味着你可能需要专业的帮助。在离婚期间，按照从1到10、从好到坏这个尺度衡量，我的分数大约是9.8。让我感到十分害怕、内疚和惭愧的是，我的一个女儿要服用抗抑郁症药。不过，这是暂时的，每次在需要的时候，她都能得到帮助。重要的是，万一有事，不要去考虑自己是"坚强"还是"柔弱"，而是要想办法去解决问题。所以，如果知道你面对的问题不再仅仅是悲伤，那就行动起来，主动去寻求专业的帮助。

常见的误解

对夫妻关系表示绝望意味着我已经失败了。

不，不是这样的。婚姻是由两个人共同经营的。

丑恶的想法

情绪的潮汐中潜伏着纷乱的漩涡。大致说来，就是各种各样不好的念头，这些念头与你本人，你的生活，你的困境，你的缺点和你的未来有关。这会让你感到自己面目可憎、一无是处、讨人嫌、难相处和不快乐，这还是在你感觉阳光明媚的时候。必须顺其自然,相信一切都会好起来。想要有效地防止各种消极情绪,你需要每天花时间来强化你的正能量。

* **记住**:永远不要为自己而感到难过,起码不要持续太长时间。

在情绪糟糕得一塌糊涂时,为心灵找到一方净土非常重要。尽量不要喝太多的酒,或者像个烟鬼似的抽烟,即使你觉得这么做有助于让自己心平气和。因为随着时间的推移,这只会让你感觉更糟,而不是越来越好。

每天早晚各留出5分钟的时间来恢复内心的平静,这么做对我很有帮助。我会自我解嘲式地笑笑,然后发一会儿呆。你可能想一个人静静地沉思片刻,或者祈祷,冥想,做几下伸展运动,喝杯茶,看日出和日落,甚至算一下自己挣了多少钱。不管做什么,这都会对你有所帮助。但是,如果你真的想消灭那些丑恶的想法,就要设法重新找回自己曾有的幽默感。笑,即使你此时的笑很苦涩,在

2 脱离苦海(……或关系结束)

逆境中也会是一剂灵丹妙药。

自　助

学会面对纷扰。

此练习只是一个建议(对我本人是有效的)。你可以根据自己的需要进行调整或者改变,但每天早上和晚上都要做点事情,不管是什么事。

每天早上,当你从睡梦中醒来时,先给自己打打气。试着每天重复对你本人来说有某种意味的"咒语"或者"积极的想法",并且连续做一周。以下是我本人的一些例子(不少朋友和亲戚也参与进来,并在几周后把他们的建议用电子邮件发给我):

这是我一周当中每天醒来时说的"咒语"(不妨打印出来):

- 我并没有失去所有的东西。
- 这件事很快就会过去。
- 生活可能本来就是残酷的。
- 太阳还会照常升起。

- 当初是我自己要嫁给他的,怪不得别人。
- 无论我曾做过什么,我都会感到遗憾。
- 勇敢点,小傻瓜,一切都会好起来的。
- 男人喜欢得寸进尺。
- 天使就站在我的肩上,所以我一定会幸福的。
- 十恶不赦的坏蛋。
- 老天爷,让我活到亲眼看他下地狱那天吧。

每天晚上,如果可能的话,在睡觉前,找个舒服点的地方坐着,缓慢地深呼吸,设法找到内心的平静,将所有的烦恼、焦虑和压力都抛到脑后。不去理那些烦心的事儿对我来说并不容易做到,因此,在努力让自己平静下来之前,我会先想想生活中积极的方面。比如,我今天已经完成的五件事:

- 我刷牙了。
- 我找到了银行卡透支的原因。
- 我做了一顿美味的意大利鸡肉烩饭。
- 我跟3个好朋友聊天了。

2　脱离苦海(……或关系结束)

- 当我打开律师的账单时,我没有哭。

风暴中的平静

　　想想某个地方,某件对你来说特殊或神圣的事情,然后想象你就在那儿,别的什么都不考虑。也许是懒洋洋地躺在海滩上,吟一首自己最喜欢的诗,背一段祈祷文,或者唱一支歌,回忆一下童年时光……你要一直深呼吸,心里只想着那个"地方",尽可能长久地沉浸于其中。

3
法律问题(……必要的恶)

我们都知道婚姻是如何开始的,但它是怎么结束的,大多数人却没什么经验——如果不算像好莱坞著名影星莎莎·嘉宝①这样的人(离过8次婚),或者拉娜·特

---

① 莎莎·嘉宝(Zsa Zsa Gabor, 1917-),匈牙利裔美国演员,生于布达佩斯,1936年当选为匈牙利小姐,1941年移居美国。20世纪五六十年代在好莱坞红极一时,曾主演《莉莉》、《红磨坊》、《历劫佳人》等影片。生平9次婚姻令莎莎·嘉宝成为好莱坞的话题女王,其历任丈夫包括美国旅馆业巨头、希尔顿酒店集团创始人康拉德·希尔顿和英国著名男演员、奥斯卡最佳男配角乔治·桑德斯。

3 法律问题(……必要的恶)

纳①、米基·鲁尼②、伊丽莎白·泰勒③和美国王牌主持人拉里·金④之流(他们每个人都离过7次婚)!因此,在我们把话题转向个人的选择和决定之前,本章需要从结束一段婚姻的可行性和合法性开始。以下几页内容,你可以当它是英国离婚法的速成指南,从而迅速了解一些情况。如果住在其他国家,你也可以从当地的网站上找到相关的信息,这些网站会对所有这些内容进行详细的解释。

---

① 拉娜·特纳(Lana Turner, 1921-1995),美国著名影星,1946年因出演《邮差总按两次铃》而一举成为米高梅公司的当红女星,1957年,因主演《冷暖人间》而获奥斯卡最佳女主角提名。尽管事业上辉煌显赫,但她在私生活上却乱得一团糟,曾结过8次婚,有过数不清的风流韵事。1958年,拉娜·特纳的独生女儿一刀捅死母亲的男友,在当时引起很大轰动。
② 米基·鲁尼(Mickey Ronney, 1920-2014),美国电影演员,自小便登台演出,曾获奥斯卡终身成就奖、金球奖、艾美奖等多个奖项,代表作有《小镇的天空》等。曾先后结过8次婚。
③ 伊丽莎白·泰勒(Liz Taylor, 1932-2011),好莱坞著名影星,两次获得奥斯卡最佳女主角,曾主演《埃及艳后》等影片。一生先后结过8次婚。
④ 拉里·金(Larry King, 1933-),美国家喻户晓的脱口秀节目主持人,他主持的"拉里·金现场"是美国有线新闻网(CNN)收视率最高的节目之一。拉里金结过8次婚,其中1次离婚又复合。

注意：在一段长期的关系中，与对方一直处于同居状态（也就是说，生活在一起，但没有结婚），这样的伴侣英国有400万对。如果你是他们当中的一员，你需要明白，在这种情况下，你无法享受到同合法婚姻或者民事伴侣关系（在英国，解除民事伴侣关系，两人的关系即告结束）一样的合法权利。

在英国，受"普通法"保护的夫妻，除非起草一份有法律效力的"共同生活协议"，否则，双方关系的解除只受物权法而不是家庭法的管辖。因此，例如，一个未婚爸爸对他的孩子或伴侣并不自动拥有合法权利或者责任。但是，在澳大利亚、加拿大、美国和斯堪的纳维亚半岛的某些地方，受普通法保护的伴侣与已婚夫妇一样享有同样的合法权利。

法律用语速成指南

需要提醒你的是：这一阶段会带来新的挑战——理

3 法律问题(……必要的恶)

解那些强加于你的冗长而晦涩难解的文字(在其他场合以法律术语而著称)。以下是对你可能会碰到的最为常见的术语的简要解释。

- 原告是指提出离婚"诉讼"的一方当事人。
- 被告是指收到离婚传票的一方当事人。
- 离婚理由是指你认定婚姻已到终结的事由(见下文)。
- 离婚申请书是指提交到法院并送达配偶的离婚申请。它令人伤感地以恳请解除婚姻关系而告终。
- 送达认收书是你的配偶返回给法院的同意离婚的文件。
- 安排子女的声明是指你们就16岁以下或者仍在接受学校教育的18岁以下子女的居住、联系、照料和生活费用所达成的一致意见。
- 离婚判决书是指判定同意离婚申请的文书。
- 离婚终审判决是指判定离婚即刻生效的文书。
- 生活费是指为了在经济上赡养配偶而需支付的费用,或者按月支付,或者一次性支付。
- 子女生活费是指按月支付给子女以满足其经济需要

的费用。

- 离婚赔偿义务的干净分割是指从双方共同财产(分割前)中拿出的一次性付清的总额(作为生活费来支付),给予一方以作完全和最终的了结。

如果你们对婚后共同财产和子女的分配没有异议,并且一切按预期顺利进行,那么你应该不用再去了解什么术语了。不然的话,就准备好去寻求律师的帮助吧,因为这将会为你省去无数的麻烦(例如,处理与宣誓书、同意令、附属济助表格 A、财产评估表格 E 和赡养令等相关的一些事务)。

离婚理由速成指南

我有一个女友,婚姻非常美满。她曾经跟我开玩笑说,每一段维持时间超过一周的婚姻,都有离婚的理由。但是,在英国,如果要离婚,你结婚的时间必须超过一年。法律上唯一接受的离婚理由是婚姻已经"无可挽回地破裂"。

有五种情况可以表明这一点:

3 法律问题(……必要的恶)

- 被告通奸(你的配偶必须承认这一点)。
- 被告有非理智的行为,而该行为是没有理由的。
- 被告在之前两年已遗弃你(现在很少用)。
- 你们已分居两年(被告必须同意)。
- 你们已分居5年(无需被告同意)

大多数人选择"非理智的行为",那么你需要列出离婚的具体依据,例如在婚姻存续期间5到10个"非理智行为"的例子,但是无论你说什么,都必须转换成晦涩难解的法律语言。例如:

- "我的前任酗酒,并因此变得十分粗暴",这句话要转换成"被告定期饮酒,这对其行为和精神状态产生了有害的影响"。
- "我的前任诽谤、贬低、威胁我",这句话要转换成"被告在家庭、朋友和同事面前诋毁原告"。

好吧……

说出你想说的。

在离婚期间,你们都有同等的权利和需要。

分割协议速成指南

一般来说,如果要在英国结束一段婚姻,以下几点是适用的(尽管有例外,比如婚龄、子女数及其年龄、遗产、收入贡献、需求等等。记住,当双方意见不一致、必须由法院做出裁决时,可能是这种结果,也可能是其他结果)。惯例是:

- 婚后财产在清偿债务后,依据一人一半的原则进行平均分配。

- 不跟孩子生活在一起的一方当事人,享有探视权(通常每隔一周,假期一半的时间也可用来探视,有时候则会安排在每周的某个晚上)。

- 法律对父亲给子女提供生活费的规定是:他最少要支付其每年纯收入的15%(一个孩子),最高达25%(三个或者更多的孩子)。

- 为妻子支付终身(或者直到退休,或者孩子长到18

岁)生活费,尤其是如果她一直都是"家庭主妇",而丈夫有挣钱能力,过去一直在养家,并且有银行存款。

- 养老金分享:任何现有的私人养老基金或者养老计划都要同等分割。

现实 VS 法律

现在,我们已经大致了解法律方面的情况,那么该看看现实问题了。因为你和即将成为你的前任的那个人,在结束你们的关系时所表现出来的友好度和成熟度,在很大程度上会决定整个过程如何发展。有些夫妻即使关系闹得很僵,也会尽量做到和睦而不任性,他们会优先考虑所有家庭成员的需要,而不是自己的需要。

* **记住**:不在第三方面前贬低某人,因为这通常会让人觉得,糟糕的那个人其实是你!

如果你是他们当中的一位，那么你很幸运，因为你与伴侣分手或者离婚的整个过程可能会是皆大欢喜、对彼此都有好处和令人满意的（花费相对较少）。这对你、你的伴侣、你的家庭和你的朋友来说，是最好的方式。如果你们双方在经济上、在孩子和房子的问题上能达成一致，此时你们可以选择只是分居，而不需要事实上的离婚，但你们需要一个分手协议（由律师起草，或者在网上买一份）。这会使你们双方达成的协议具有法律效力。分居，常常能让双方在一段时间之后冷静下来，仔细考虑自己的决定是否正确，如果双方愿意的话，还可以试着去接受婚姻咨询。或者，如果决定离婚，你们可以在网上购买自助离婚所需的相关材料，这将会为你们节省不少律师费用。

统计表明，大多数人最初打算和平分手，但最终却以一场恶战而告终。假使你像我一样是这些不幸之人中的一位，那么你大可放心，你并非个例。这是因为，在分手这场赌博中，自私自利会在这个时候暴露出它丑恶的嘴脸，特别是在涉及到分配财产，甚至是孩子、家具、债务和

3 法律问题(……必要的恶)

宠物等时。

从我的个人经历来看,离婚始自我的丈夫说"我会一直照顾你,什么都不会改变",但是,3个月后,当我不同意他拿走他想要的东西时,这句话就变成了"你怎么敢窃取我一半的钱"。让我感到丢脸的是,这使得我们两个人在一年的时间中关系紧张,冲突不断,其间我们花费了好几万英镑在律师费和诉讼费上(事实上,我花费了我最终得到的一半婚后财产的4%)。我从来没想到会发生这样的事,但的确发生了,因为那时似乎没有别的办法——问题解决不了,我们需要法官来裁决。

因此,在这个时候,你需要问自己以下问题:

- 我的伴侣会履行我们之间已达成的协议而不食言吗?
- 我期望或想要的东西与对方期望或想要的东西一样恰当而合理吗?

如果你对这两个问题的回答均为"是",或许你们可以自行解决离婚的问题。最便宜的只需3000英镑左右。如果你对其中一个问题的回答为"是",另一个为"否",

或许你们能在调停律师的帮助下离婚。这将会解决你们之间的分歧而无需诉诸公堂(大约花费 3000-6000 英镑)。如果对两个问题的回答都是"否",你要考虑找一个好的律师来帮你处理离婚诉讼的相关事宜(如果你们要出庭好几次的话,费用大概是 10000-30000 英镑;如果双方都不肯让步的话,甚至可高达 50000 英镑)。

常见的误解

律师出面只是为了挣钱。

绝对不是。好律师虽然看上去不通人情,但却必不可少:当他们向你解释你所拥有的权益并帮你将其争取到手的时候,他们跟你是站在同一条战线上的。

如何找到一个好律师

- 最好的建议:你需要一个专攻家庭法(也就是离婚法)的律师,他(她)能够协助你,或者提供调解服务(解决分歧而无需上法庭,因而能节省费用),并且是

3　法律问题(……必要的恶)

英国家庭律师协会 Resolution(他们实行的是一种非对抗的方法)的成员。

- 不要害怕货比三家。你会买你看到的第一辆车吗?
- 要像做职业决策那样利用人际网络。广泛征求各方意见,包括那些你熟悉的离过婚的人(特别是同律师离过婚的律师)、你认识的律师、朋友,甚至是一个手上没戴婚戒的完全陌生的人……
- 在网上寻找你所在地区比较受欢迎的家庭律师(但是我建议你不要去找那些可能因为你想要打赢官司就标榜"打不赢,不收费"的律师),或者查一下电话黄页,因为你想要的是一个当地的律师。
- 但是,最重要的是,下面的自助指南,要一丝不苟地照做。

自　助

与律师达成一致。

下面这个练习是关于具体操作的。它与你的付出和收获有关,因为有时候在生活中,只要努力就会有回报。

你需要挑选 3 名律师,确定最初 1 小时的咨询内容(这些通常是免费的,或者 1 个小时花费 50-70 英镑。在你第一次打电话的时候,核实一下费用),事先准备好,不要浪费任何一分钟。

首先,做好功课。这是我最重要的建议,来自我的个人经历:

- 在一张 A4 纸上把你想要咨询或者需要了解的所有问题列出来,把这张清单带上。

- 把这同一张清单交给 3 位律师。在 1 小时的咨询结束后,离开时只说你会在某个时候回来找他们。

- 比较一下他们的回答,选择对你最有帮助和提供最佳解决方案的那位律师,但是请把你自己的感受也考虑在内。就我本人而言,我的直觉让我比较偏爱一位严谨的女律师,事实最终证明我很幸运,因为她十分专业,同时感情又非常细腻,很会照顾别人的感受。有两次我在电话里突然失控、泣不成声,她沉着冷静地劝慰我,但又没有责备我,态度显得十分温和。

3 法律问题(……必要的恶)

注意：当你委托其中一位律师来担任你的代理人时，你需要提供身份证明(如护照)和结婚证复印件，并且(常常)还需要支付定金，定金会从最终的账单中扣除。

在一张 A4 纸上拟好日程表。

第一部分(15 分钟的讨论)

- 结婚和离婚的原因。

争取在一段话内就把情况说清楚。你需要说明：你是什么时候结婚的；有几个孩子，他们的年龄有多大；为什么你觉得婚姻已经走到了尽头。

- 目前的经济状况。

列出(控制在两段话以内)配偶和你本人的收入情况；任何已知的债务；常规支出(学费，抵押贷款，租金，分期付款，银行共同账户或者信用卡支出)；目前的生活方式(度假，出行，教育需求，有偿服务，医疗支出，诸如此类)。不需要准确的数据。

第二部分(20分钟的讨论)

- 目前在你和配偶之间存在的分歧。

 陈述要尽量简短礼貌。

- 你希望从离婚协议中获得的感情上和物质上的东西。

 例如:我想保留房子;我想把房子卖掉;我想要继续照顾孩子,等他们上大学后,我再重新工作;我想要我的配偶在照料孩子上提供帮助;我想要拿走配偶的所有一切;我想尽可能少花钱来解决我们之间的分歧。

第三部分(20分钟的讨论)

- 在解决你们之间的分歧这个问题上,他们给出了什么样的意见或者建议?

 做好笔记,听听他们是怎么说的,尽量不要打断谈话,如果是非问不可的问题,最好不要超过一个(不过,以后你可以就这些问题发电子邮件进行免费咨询!)。

第四部分(5分钟,或者任由他们继续滔滔不绝)

- 在离婚的每一阶段可能支付的费用是多少?
- 他们多长时间开一次账单,会列出哪些专门的费用?
- 如果你只能在离婚协议达成之后才有钱支付律师费,他们会如何处理?
- 在这一点上,他们还有其他想要告诉你的吗?

注意:如果他们没有主动提供合同条款的复印件,你可以向他们索要(以便稍后阅读);倘若没有这些材料,说明他们很不专业,作为律师人选,可以把他们放在最后考虑。

4
破碎的心(……如何修复)

本章内容与疗伤(或者开始试着这么做)有关,但是首先要把纷乱的头绪理清。即使离婚心意已决,甚至为此而感到高兴,你仍会百感交集,不得不硬着头皮去面对离婚要走的各种法律程序,对随之而来的种种变化和选择也可能会思前想后。哦,不要忘了你还必须处理好其他事情,无论是做一个合格的父母,有职业精神的雇员或者雇主,还是两者兼顾!是的,"一切都已经结束了",这句话看似轻描淡写,实际上却已经像野火一般蔓延开来,你必须跟亲朋好友、你的孩子和另一半谈论这件事。不要歇斯底里地哭,或者让人感觉——不论是以何种方式——分手已经彻底把你给击垮了。

紧接着,伴随现实而来的,是一丝恐惧:那些讨厌的想法,通常在你要睡觉的时候,像幽灵一般在你的头脑中游荡。"我将孤独终老,临终的时候只有 5 只猫陪在身边,没人会关心我的死活";"各项评估材料我还没有整理好,银行对账单和缴费单也未复印,而明天这些就到期了";"如果没算清楚,而我又犯了一个低级的错误,后果将会如何?";"就这么点钱,我该怎么办呢? 共同帐户里甚至没有足够的钱来支付这个月的按揭。"

最后,请不要忘记,即使手忙脚乱,你也必须表现得有尊严、理智、冷静和成熟,并及时通知你的律师!多数伴侣没有做到"和平友好地"分手或者离婚,这一点都不奇怪,因为此时说什么都嫌太多。由于有来自各方的诸多压力,要做到像一个成年人那样理智并不容易,特别是当你需要某个人帮你减轻或者消除压力时。

压力会让最理智的人变得六神无主,开始在房间里来回踱步。墙上的画,家里的瓶瓶罐罐,到处都贴上了黄色的便利贴。以我为例,压力最终引发了孩子气似的口角。为了一个用了 10 年的土豆捣碎器,我与前夫吵得不可开交。最后我把土豆捣碎器包好,作为圣诞礼物送给了我的前夫。面对压力,我们都做了一些让人感觉很不光彩的事情。

忘记心痛或心碎

有些时候,你会感觉压力大到仿佛要将你的心撕成两半。你很清楚,自己的生活完全被打乱了,你不再憧憬美好的未来,开始变得悲观失望,得过且过。实际上,你所设想的整个未来已成过眼烟云,剩下能做的就只有对花伤春、望月悲秋了。

好吧……

一步一个脚印。

尽量不要去想今天以外的事。拿不准的时候,只迈出接下来的一小步。

在分手和离婚这段痛苦的旅程中,你要以积极的心态设法抚慰自己那颗破碎的心,放下思想包袱,尽量让自己感觉好受一点。我们总想今后一定会幸福,但其实现在开心才更重要。既然我们不知道明天生活还会把什么东西扔向我们,未来也许比任何人所能想象的都要更美好。遗憾的是,没人能挥动魔杖让这种焦虑和伤心消失,但是诸如"自寻烦恼"、"对自己太苛刻"、"太悲观"、"想得太多"这类压力,你有能力让它们不再出现在你的生活中。

* **记住**:杯子有一半是满的,从来都不是半空的。只要肯去寻找,即使在逆境中,你也会发现一线希望。

以下这些建议,或许会让你内心感觉稍微好受一点:
尽量从以下角度来看待问题

- 离婚只是纠正一个错误。
- 未来会变得更好。

尽量避免自责和有负疚感

- 不要总是问自己为什么……?（为什么我这么笨？为什么我们的婚姻会出问题？为什么我要忍气吞声？为什么我要跟他结婚？为什么他要离开？)
- 不要总是设想如果……(要是我知道的话；要是我没有那样说的话；要是让我从头再来的话)。

尽量照顾好自己

- 经常的焦虑和压力最终会让你生病。
- 吃饭,睡觉,休息,放松,充电,然后离婚。

尽量对自己好一点

- 离婚期间要自尊,自信,自重。
- 为自己坚持走到现在、打了个漂亮仗、有如此多的收获点个赞。

4 破碎的心（……如何修复）

常见的误解

我将永远不会再找到真爱和幸福。

不，你会的。但首先要学会爱自己。

自 助

学会爱自己。

想要缓解内心的痛苦，使精神不再备受折磨，最好的方式就是设法自我放松，因此下面的自助小练习都与娱乐消遣有关。

如果你的心真的伤透了（对有些人来说，可能是痛并快乐着，而不是痛苦），那么就需要一些温柔的呵护。因此，生活中时不时偷闲片刻，只要有可能就开怀大笑吧。我只能建议你去做那些我本人喜欢做的事情。特别是男士，请自由选择你最喜欢做的。以下事情，每周至少做其中一件，没有上限，想做多少件都可以。

绝望的离婚之人前5个晚上	绝望的离婚之人前5种治疗方式
叫一份外卖,邀请身边可以让你靠着他(她)肩膀哭泣的朋友	做一些柔和的伸展运动,然后泡一个热水澡
看一场能让你破涕为笑的电影(见下面的10部推荐电影)	打开一盒巧克力,喝几杯葡萄酒,做自己最喜欢吃的菜
靠在沙发上跟朋友煲电话粥	关掉电视;读一本好书,一本杂志,做填字游戏
把音响开得很大,跟着10首金曲(见下面)的节奏跳舞,边哭边笑	给自己买一直以来想买的东西,或者至少做做白日梦
学习新的才艺(弹尤克里里琴、跳肚皮舞、画画,或者用前任的照片做拼贴)	去一次美容院,做按摩或脸部护理,改变头发的颜色,但尽量不要做整容手术

如果有心的话,你就会找到自己最喜欢的电影和歌曲,不过这里有一些建议:

绝望的离婚之人要看的10部电影	绝望的离婚之人要听的10首歌
前妻俱乐部(*The First Wives Club*)	昨天(*Yesterday*, The Beatles)

4　破碎的心(……如何修复)

(续表)

绝望的离婚之人要看的10部电影	绝望的离婚之人要听的10首歌
真爱至上(*Love Actually*)	我会活下去(*I will Survive*, Gloria Gaynor)
错对冤家(*The War of the Roses*)	走你自己的路(*Go Your Own Way*, Fleetwood Mac)
窈窕奶爸(*Mrs Doubtfire*)	世事不可强求(*Que Sera Sera*, Doris Day)
妈妈咪呀(*Mamma Mia*)	残酷的夏天(*Cruel Summer*, Ace of Base)
第二春(*Shirley Valentine*)	离开爱人的50种方法(*50 Ways to Leave Your Lover*, Paul Simon)
土拨鼠日(又名偷天情缘)(*Groundhog Day*)	你是如此自负(*You're So Vain*, Ray Charles)
失恋排行榜(*High Fidelity*)	赶快滚蛋(*Hit the Road Jack*, Ray Charles)
当老牛碰上嫩草(*How Stella Got Her Groove Back*)	别让我心碎(*Don't Go Breakin' My Heart*, Elton John, Kiki Dee)
美丽心灵的永恒阳光(*Eternal Sunshine of the Spotless Mind*)	当她离开,阳光不再有(*Ain't No Sunshine When She's Gone*, Bill Withers)

5
破碎的家(……独自一人)

审视现实：离婚已经到了节骨眼儿上。现在需要做出一个重大的决定，但你却找不到人可以商量，甚至你的另一半也不在那儿。如果做出了错误的决定，你不能怪任何人。有如此多的选择，如此多的恐惧，如此多的变化，想要找到一个简单的答案不太可能。此时，你开始感到孤单，更别提内心的伤痛和心力交瘁了。站在山脚抬头向上仰望——你必须面对人生巨大的挑战，这就是离婚对你真真切切的影响。

5 破碎的家(……独自一人)

"家"对你的意义,你在"家庭"生活中所要承担的责任,以及今后的"生活水准"都将发生变化。在现实生活中,恐惧会释放肾上腺素(你会失控,或者咬人、打架和攻击人),但在离婚过程中却会释放优柔寡断——你变成了一只仿佛受到惊吓的兔子,过马路的时候,呆在路中间一动不动!你会拖延!你知道自己需要做什么,但你会去做吗?可能不会,所以结果就是你什么都没做,因为这样似乎对你更容易一些。

* **记住**:每天做能让你高兴或者开怀大笑的事情,不要拖拖拉拉。

做出选择,是你现在面临的最大挑战。你会不顾一切地抓住某样东西(安全),还是想方设法去实现人生的逆袭(未知的)?天使都会落泪,更不必说一个凡人。到目前为止,你流过的眼泪可能已经太多,因此,是时候擦干眼泪、尝试一种不同的方式去哭泣了……

常见的误解

既然离婚带来了如此多的不快乐,不如继续维系一段不幸的婚姻。

千万千万别这么想!试着去想想新的开始,而不是结束;学会面对新的挑战,而不是失败;利用机会展现自身长处,而不是暴露个人的弱点。只要这样去做,你就会找到幸福。

喊"狼来了"

我应付不了。

我很孤单。

我做不到。

如果还记得《狼来了》的故事,你就会明白,自己其实刚喊过 3 次"狼来了",而实际上,根本就没有狼——有的是"你",一只被困在羊皮里的狼。你能够独当一面,你不是孤军奋战,你可以做到这一点。现在,应该回过头来好好审视一下你的人生了,想想之前迈过的所有坎儿,

5 破碎的家(……独自一人)

把这些都记下来,你就会意识到自己的长处。要知道,在你还是单身贵族的时候,以下事情肯定或多或少曾在你身上发生过,比如搬家,开学第一天要结识新的朋友,找到一份差事,被老板炒鱿鱼,失去某位亲人,伤透了心,学骑自行车,接受再教育,重新来过,开始新的爱好,没有获得工作、奖金或者你想要的晋升机会,生了一场大病,度假中把包弄丢了,积蓄都没了……所有这些问题,你都必须自己解决。

每一段关系中,你会在某些情况下失去部分自我,你可能要做出改变以适应对方,并且要优先考虑某些事情。而现在,你必须把自己曾有的那种独立性、身上的各种优点和一直以来无用武之地的其他能力都找回来。在离婚过程中,你要重拾自我。以我本人为例,为了生孩子,我曾经放弃工作和经济上的独立,变成一个只知道辛苦操持家务的家庭主妇,而我的丈夫则掌管家里的经济大权。让我不吐不快的是,他其实是一个非常糟糕的管家!因此,离婚后如何理好财似乎成了一个我无法克服的挑战,直到一位好朋友来帮我,教我如何使用 Excel 表格。

此刻,你必须重新学习如何为人处世,如何做出正确的决定,如何表现得像个独立的成年人。有各种方法来应对混乱的状况,在本章末尾你能找到一些,其他则完全靠你自己了。

喊救命

每个人都知道要在什么时候寻求帮助。如果你这么做了,那就意味着你承认自己需要帮助。所以,在你试图接受挑战、从头再来的时候(可能是搬家,找到赚外快的途径,不管什么事都亲力亲为,而过去这些都是由你的前任来操心的),为了保证"一切正常",你必须承受巨大的压力,特别是如果你还有孩子的话。孩子们忙着适应"失去"父亲或者母亲这种变故,担心生活会发生改变,心中充满困惑,变得不再听话,对发生的一切感到生气。在这种情况下,他们往往非但帮不了忙,反而还会给你添乱!

如何向你的孩子解释离婚并不重要,因为对孩子们来说,离婚就意味着会有很多不确定性,而孩子们健康成

5 破碎的家(……独自一人)

长需要一个稳定的环境。以下几点会对你有所帮助：

- 确保生活前后一致、稳定不变(不要用孩子来代替你已经失去的另一半)，尽可能不要打乱已有的日常秩序。

- 永远不要让孩子在无意中听到离婚的细节，或者有意告诉他们。

- 不要让孩子偏袒任何一方。

- 永远不要对孩子说自己另一半的坏话，尽管要做到这一点很难。

- 离婚后，鼓励孩子与不在一起生活的一方待在一起，即使他们说不愿意。在生活的这一阶段，尽可能做最好的父母。

- 设法让孩子与大家庭中的成员，比如爷爷奶奶、外公外婆等保持联系。

- 当孩子与不在一起生活的父亲或母亲待在一起时，对他们的行为要持积极的态度(不要嫉妒!)

最后，要表明为什么这是最重要的……

我认识一位母亲,她看到自己的前夫隔周周六带儿子出去时,都会给他们送很多礼物,比如苹果手机、游戏机、运动鞋等等,而此时的她却要费劲地把一大堆日用品搬回家。因此,有一天,当儿子问母亲周六他们会跟父亲一起做什么时,她言不由衷地回答说:"可能会去迪斯尼乐园。"实际上,父亲带他们在附近吃披萨饼,最后每个孩子都失望得抹眼泪。所以,最后也是最重要的事情是……

- 不要做一个好胜或者说好斗的父母。要把孩子的需要放在第一位。

本书到现在还没有提及的一个问题是:如果孩子选择同你的前任生活在一起,并且根本不想见你,你该怎么办。

现如今这可是很常见的。这种巨大的挫败感也是你必须要面对的,它比失去自己的另一半还要让人感到沮丧。

学会如何应对这一新的现实,甚至是合理安排你的时间,是一个很大的挑战。因为当下忙碌与否,取决于你的另一半之前为这个家、为孩子们、为你们的生活付出了多少。每天给自己设定一个小的目标会对你很有帮助,你会从完成这些目标中受益良多。

在碰到让你分身乏术、无能为力的事情时,比如要去开家长会却找不到临时保姆替你看管孩子,插座的保险丝烧坏了需要找螺丝刀来修理,在你打算工作的时候孩子却生病了要去医院,过去一直都是由你的另一半准备圣诞大餐而现在却只能你亲自下厨,在你想要片刻安宁的时候孩子却要你陪着踢足球或者玩飞碟……如果你实在应付不了,那就去搬救兵吧。

好吧……

寻求帮助。

发动亲朋好友和左邻右舍,因为没人能仅凭一己之力就把一切事情搞定。

自 助

学会处惊不变。

这个练习的目的是帮助你去应对离婚这一人生重大变故和由此产生的混乱状况,把离婚变成一件让你感觉自己能够掌控的事情,而不是被人牵着鼻子走。

这里有三条自助建议,可以帮助你更好地理财、做出选择和完成各项任务,处理在离婚期间所有看上去不可能、很难解决或者最终出现在任务表上的事情(请注意,此处的任务表上都是些永远不会完成因而只会添乱的事)。

1. 如何管理好家庭财务。

经济上的巨大变化总是与离婚相伴而来,这时 Excel 表格就成了救星。它可以帮助你彻底弄清楚:你有多少钱可以支配(收入),多少钱必须花费(支出)。这样既能消除经济上的不安全感,也可以让你做好预算,教会你如何填补缺口,如减少花销,提高目前的薪水,兼职或晚上请临时保姆,亲自烘焙或做饭,发挥你其他的技能,等等。为此,你要建立一个 Excel 表格,每当账单来的时候或者情况发生变化后就更新表格。

2. 如何做出更好的选择。

离婚期间可以说有太多的选择,因为随着婚姻的解体,生活对你来说已变得面目全非。当你有太多的选择时(比如,我要搬到国外生活吗?我要搬到离家近一点的地方住吗?我要搬到离孩子的学校更近一点的地方吗?),做任何决定都很困难,但是你必须振作精神,继续走下去,而理清思绪最简单的方式就是把这些都记下来。在一张纸的顶端把需要做出的决定写下来,把纸划分成两栏,一边的标题是"赞成",另一边的标题是"反对"。把所有看起来是好的或坏的方面分别列在相应的一栏中,然后客观地审视它们。这样做,可以让你权衡利弊,不带任何感情色彩,从而做出更好的选择。

3. 如何把事情安排得井井有条。

离婚会产生大量额外的工作,并且使你在某个阶段总有做不完的事。而当这些事无法完成时,就会给你的日常生活造成更大压力。清单上的条目是无止境的——

从新开一个银行账户把水、电、气等公用事业缴费置于自己的名下,到修改遗嘱,更换护照、医疗保险和旅游度假保险等等。处理这些事情的窍门,是把它们按先后顺序排好,相信一切最终都将完成。所以,你最好每周在一张白纸上列出"我要努力做的事情"。之所以这样命名,是因为你可能并不总是能顺利完成单子上列出的事情,但是你已经尽力了!接下来,你可以在每个周末,看看自己做了多少事情,你会因此对自己感到特别满意,然后把尚未解决的事情放到下一周的单子上。这样做会让你变得更加努力,同时也能有效地减轻压力。

6
重新开始(……勇敢点)

现在,你终于离婚了(拿到终审判决,或者终审判决正在送达途中),经济问题也得到解决(财产分割达成一致,并且做好了预算),而且可能已搬家。每个人都认为,闹剧从此告一段落。所有人都抱着这样巨大的期望,认为你现在正在开始一段"新生活"。

原谅他们会这么想吧,因为他们可能并不知道你内心其实充满了恐慌——犹如泰山压顶,抬头仰望一座小山,都会觉得它高不可攀。因此,如果身上背负了太多人的期望,你就会对所有事都感到焦虑,而你越焦虑,情况就会变得越糟糕。

当时,我在这一阶段的焦虑简直令人难以置信:

丢三落四,总是找不到自己要找的东西;赚的钱永远不够花;不愿意独自一人过圣诞节;身为记者,却无法找回自己曾有的工作状态;不愿接受再培训;即使愿意,也不知道该接受什么样的再培训;不想参加社交活动;不修边幅,邋里邋遢;拿不到抵押贷款;付不起房租;总是愁眉苦脸;如果我的孩子不跟我说话,我会马上变得不知所措;只想今朝有酒今朝醉;忘了如何笑;认为自己会死,几个月之后人们会发现一个长着胡子(付不起电蚀脱毛的费用)、没有牙齿(看不起牙医)的干瘪老太婆。

你能想象吗?在那段感觉糟透了的日子里,我甚至为自己为什么不能停止焦虑而感到焦虑!

好吧……

焦虑。

但要当心：你越是焦虑，焦虑程度就会变得越深。

能够让你不再自寻烦恼的方式有很多，但最好的方式是要认清问题的根源。而要做到不再为那些鸡毛蒜皮的小事操心，唯一的办法是正视那些深藏于这背后的恐惧。此刻，你担心的主要问题是离婚把你为今后的幸福生活所精心安排的计划全都给打乱了，你必须重新创造一个美丽新世界来代替它，而且要在很短的时间内独立地去创造。好吧，上帝用6天的时间创造了这个世界，第7天是休息日，但是我们没有那样的能力。因此，想要摆脱最困扰你的恐惧，首先就是做好打一场持久战的思想准备。但不管怎样，终有一天你会取得胜利。

第二个潜在的恐惧是感觉自己漂泊无依。你之所以会异常焦虑，是因为那些曾经牵系你的纽带，比如亲人、朋友、财产、家、爱、回忆和梦想都不复存在。对你而言，此刻最重要的是，不要把那些会给你带来痛苦的东西从你过去的生活中全部抹掉，因为不管你信还是不信，今后你可能会舍不得他们,这包括照片、纪念品、结婚戒指,甚至是人。这些东西最终会帮助你安定下来,在你开创新生活时给你带来安全感。

导致恐惧的第三个来源是你觉得自己力不从心。你们之间的关系可能以辱骂和贬损而告终,你需要正视这一点,但要记住,一开始他们是爱你身上的一切的。这个时候,你要找回你的自信,并且永远不要放弃,要勇敢点,洒脱些,相信自己,发挥你的长处,迎接新的挑战。当情况不可避免地恶化,当你感到无力应对时,记得提醒自己:我已经尽力了。

* **记住**:放着自己的一堆问题不去解决,反倒盯着别人,你就是本末倒置。

你内心深处的第四个恐惧是害怕自己成为孤家寡人。实际上,独自一人生活对你来说并非难事。以前你从未想过有一天孩子会离开你,而现在当他们去看望双亲中的另一方时,你会有几个晚上甚至几周的时间独处。

6 重新开始(……勇敢点)

很快,你会发现你离过去的社交生活也越来越远了。

起初,各种邀约纷至沓来,但是一旦闹剧结束、流言成了旧闻,在宴席上两人也不再一同出现而是各自形单影只,这种让人羞于启齿的状况最终会浮出水面。随后,一些朋友选择了你的前任,而过去他们曾是你和你的前任共同的朋友。这很难让人接受,可对你们的朋友来说,做出如此选择也不容易;分别见你们两个人,有的人能做到,有的人却做不到。

甚至亲戚们也可能会在你们二人之间做出选择。还会有朋友"毫无缘由地远离你"(他们可能认为离婚也会传染!),一些所谓的朋友开始与你调情。离婚被人诟病或者让人不待见的原因之一,就是人们认为可以不费吹灰之力就把你追到手,因为此时的你正在寻找乐子(这常常是离婚日程表上最后一件事)。而且一些朋友还试图扮演爱神丘比特和月老的角色,邀请你去参加派对。你独自一人前往,到那儿后却没人陪你说话,显得你十分落寞,最后回到家,你就忍不住放声大哭起来。面对这世间百态、万千头绪,你要做的是——花时间和精力去建立新的社交生活(参见第十章中的建议)。

常见的误解

离婚被那些不是单身的人看成是一种威胁或者失败。

未必。但是作为丈夫或者妻子,他们可能需要一种安全感,那些伉俪佳偶们或许也需要有人提醒,他们能结婚是多么的幸运。

第五个恐惧是你担心所有这些恐惧都不会消失。但这其实只是杞人忧天,因为你会适应并最终接受新的生活状态。比如,这个周末我不需要去购物、为孩子们做饭;我可以穿宽松的旧运动裤和拖鞋;我可以组装家具,因为那些双层床看起来很棒;下周六或许我可以举办一次家宴。记住,你没有必要为如何照顾好自己而感到发愁:在这段艰难时期,你会发现谁才是你真正的朋友。这些朋友你永远都要珍惜。如果你有一群特别宽容并且爱你的朋友和家人站在你身后,坚定地支持你,想方设法缓解你的各种焦虑,解决你面临的诸多问题,帮助你应对复

6 重新开始(……勇敢点)

杂的局面,那就再好不过啦。

自　助

学会面对焦虑。

焦虑,是大脑帮助你解决问题的一种思维方式。因此,重要的是拿出行动,而不是纠缠于琐事,小题大做,让焦虑毁了你的生活。

如果你不处理焦虑问题,它会使你紧张急躁,甚至让你食不甘味,夜不能寐。记住:当你把头伸到床下想看看有什么东西,结果却只发现一只破袜子和一堆灰尘时,那种认为"怪物就躲在床下"的想法就会消失得无影无踪。

还有,不要让那些根本就不存在的怪物吓唬自己,尝试一下下面这个小练习吧,它非常有效。该练习分为两部分,需要定期去完成,因此要设定一个期限,即以周为单位,每周20分钟。几周后,它会逐渐使你能勇敢地面对焦虑,而不是让焦虑占据你的头脑。

如何驯服焦虑的怪兽

焦虑清单

动不动就为琐事而发牢骚,只会怨天尤人而不是努力解决问题……如果你不想变成这样的人,那就列一张"焦虑清单"吧,这或许会对你有所帮助。比如,它能使你意识到焦虑,不让焦虑支配你眼下的生活。每当你发觉自己正为某事而苦恼时,把它写在一张纸上(标题是"焦虑清单")并放在手边。知道自己以后会为这件事焦虑,那就忘掉它吧。你写下这同一焦虑有多少次,这些焦虑是大是小并不重要;只要把焦虑究竟是什么列出来就可以了,其他的什么也别写。然后有意识地不再去想这件事。

焦虑的时间

当你开始审视你的焦虑时,每次最多花 30 分钟。每周一次,在同一天同一时间做这件事。在回答所有列出

6 重新开始(……勇敢点)

来的焦虑时,问自己以下问题:

- 焦虑出现的可能性有多大?这是真实存在的还是自己想象出来的?(由此可以正确地看待事物)
- 倘若出现了焦虑,我要怎么办?该如何处理?(这有助于帮你找到解决办法)
- 如果我的朋友也有焦虑问题,我会给出什么样的建议?(这让你理性地看待焦虑问题)

在规定的时间段结束时,关掉手机和电视,好好放松一下自己。你已经解决了你的焦虑,如果随后你又有了其他的焦虑,那就把它们写在下周的"焦虑清单"上吧。

7
事情要往好的方面想(……不要往坏处考虑)

现在,是时候控制好自己的情绪了。不管怎样,你不应该再焦虑、消沉、哭泣、悲伤和犹豫。好吧,偶尔有这些情绪是可以接受的,因为毕竟我们是凡人。但人生苦短,韶华易逝,美好的未来还在等着我们去开创,因此你要从一个悲观绝望的离婚者迅速转变为敢闯敢干的人。而能否在一个美丽新世界里享受人生,取决于你是否愿意去拥抱它。这意味着你要朝前看,而不是总回头。不要对已经失去的念念不忘,应设法拥有我们能得到的东西。

7 事情要往好的方面想(……不要往坏处考虑)

最重要的是,把消极的想法丢到一边,积极乐观地去考虑问题。

一个美好的新起点需要有新的愿景,可能是诸如:但愿我有一个更美好、更富足的未来;从今天开始,拥有健康和幸福;与另一半相亲相爱,永远不离不弃。许下这样的愿望或任何其他你想要实现的梦想,把它们写在一张纸条上,然后贴在镜子上,每天早上梳妆打扮的时候念一遍!无论是在开心的时候(从床上蹦起来),还是在糟糕的日子里(只想窝在床上不起来),这都会对你有所帮助。

* **记住**:最好的还在后头!

想要让生活朝好的方向发展,你必须处理好眼前的三个问题:相互指责、生气和不愿接受生活的改变。

尽管这三点我们之前或多或少曾提到过,但为了避免这些问题在离婚过程中进一步升级,你现在必须马上对此(还有我们自己!)加以仔细审视。唯有正确地对待这些问题,你才能迈过离婚这道坎儿,开始新的生活。

诚恳地接受指责

对于关系的破裂,你需要审视自己在其中究竟该承担几分责任。责任不可能都在一个人身上,尽管在情绪激动的时候,我们常常会把责任全都推到对方身上。这种自我检讨虽然不容易做到,但你还是要老老实实地写下你在这段失败的关系中所扮演的角色——可能是"过去我一直在逃避"、"我没注意",甚至是与你的个性和人品有关的方面。尽量不要太严苛。这种自我分析会帮助你与前任友好地分手,而不是给双方带来伤害,或许还会帮助你明白如何在将来拥有一段更融洽的关系,当然,也会让你在未来生活得更加幸福。

少一些愤怒

即使不再暴跳如雷,只是偶尔还有些怒气,在大多数情况下,原谅对方的同时,你心中仍免不了还会有一些怨恨。怨恨是有好处的,有时发脾气也不全是坏事。当你第一次失去某样东西的时候,感觉真的很生气是完全正常的,更何况这次你失去的是伴侣,而不是随手丢在一边的袜子。但是,随着时间的流逝,怒气需要被平复。因此,你需要好好想想:你究竟在为什么而生气,然后让它随风而逝(更多内容参看下一章)。如果愤怒不消失,总是纠缠着你,把你和你的前任像绳结、像盘绕的蟒蛇一样扭在一起,你的人生将会变得了无生趣。

为生活的改变而欢呼

离婚让生活发生了很多变化,当然,大部分都不是你自己想要的。于是,你很容易就把它们看成是消极的,从而产生抵触情绪。面对这些强加在你身上的种种变故,你必须做点什么。因此,在你可以开始乐观地面对新生活时,你必须接受以下事实:变化是不可避免的,即使你仍处于已婚状态也会发生,重要的是,如何去应对这些变化。认清现实,会让你不再愤怒和抱怨,而是憧憬未来更加多姿多彩的生活!

做到以上三点,你就会得到解脱。只有学会谅解,你才能忘记不愉快的往事,让生活继续下去。

常见的误解

没人能从离婚的伤痛中彻底走出来。

这不是真的!

尽管离婚这件事很难让人心平气和,但想想看,生命如此宝贵,你怎能把时间浪费在去恨某个人或者回首往事上?

如何积极地去思考

要告别过去,迎接新的未来,接下来要做的就是摆脱"受害者"反应。如果你认为自己受到了伤害,感觉离婚像是对自己的一个惩罚,你就会很容易接受现实,甚至认为自己永远都不会幸福了(所有这一切都是你活该)。这就是"受害者"反应。在做好失望准备的情况下,你更有可能做最坏的的打算,而不是满怀希望去寻找最佳的解决途径。

打破这个思维定势的方式就是每当你觉得某件事是负面的、难解决的和消极的时候,你要有意识地设法把这件事变成正面的、令人高兴的和积极的。我把这称作是"乐观者"反应,即不论处于何种情况下,都朝好的方面去想。如果你曾看过1960年迪斯尼出品的由海莉·米尔斯①主演的电影《波丽安娜》②,你就会明白我的意思。

---

① 海莉·米尔斯(Hayley Mills, 1946-),出生于伦敦的一个艺术之家,父亲约翰·米尔斯是英国著名演员,曾获得奥斯卡最佳男配角,母亲是一位剧作家。海莉·米尔斯13岁时主演了她人生的第一部影片《猛虎潭》,并获得柏林电影节特别奖,从而一举成名。《波丽安娜》是她加盟迪斯尼后主演的第一部影片,该影片播出后大受欢迎,海莉·米尔斯也因这部影片获得了奥斯卡颁发的特别奖。
② 《波丽安娜》是美国作家波特(Eleanor H. Porter, 1868-1920)1913年出版的一本畅销小说,现已成为儿童文学的经典之作。《波丽安娜》被多次改编为电影,其中最著名的就是1960年由海莉·米尔斯主演的版本。影片讲述孤儿波丽安娜投靠小镇上富有但却自私古怪的姑妈,她的到来给小镇带来了欢乐,也使小镇发生了令人惊异的变化。波丽安娜这个擅长在不幸中寻找快乐的小姑娘,代表了一种乐观精神。她热爱生活,热爱美好的一切,当向往的东西得不到的时候,她能以一种超常的乐观心态战胜自己,战胜环境,进而战胜各种各样的苦难。

这可是一个救命稻草。

几个例子：

- 不要去想"我从未想过我们之间的关系会结束"，而是想着"我已经尽一切所能去挽救我们之间的关系了"。
- 不要去想"我后悔在那段关系中浪费了我生命中的20年"，而是想着"那曾经是我想要的"。
- 女演员拉娜·特纳一直以来最让我心动的是：把"我想有1个丈夫和7个孩子"变成"结果却恰恰相反"。
- 我现在最喜欢的心态是：把"就算交稿期限到了，我也完不成这本书"变成"噢耶，我居然已经写到第七章了"！

试试吧。这真的很有用。

如何积极地去行动

积极的想法可以转变成积极的行动，这在日常生活中非常重要。毕竟，为了生活，我们必须付出比想象中要

7 事情要往好的方面想(……不要往坏处考虑)

多一倍的努力。离婚过程中,最明显的一个例子就是你不得不缩减——一半的空间,一半的财产。这当然需要积极的行动:我选择在网上(一个朋友教我如何迅速学会使用复杂的 ebay 网站)卖掉所有我不喜欢、不需要或者不想要的东西,然后用存款开始创建我自己的新空间(前夫喜欢古董,我喜欢现代家具;前夫喜欢活动百叶窗,我喜欢阳光)。

重新开始,选择你想要的东西并得到它——在生活的各个方面——让过去随风而逝的同时,创造一个新的未来,这是令人兴奋的。因此,你要去迎接新生活,积极地靠近它,然后采取积极的步骤让梦想成真。

几个例子:

- 把"这个新家又小又暗"变为"我要把墙壁粉刷一新,把窗户都擦干净"。

- 把"我做不到下班后先去购物,然后又不耽误接孩子"变为"我们今晚吃外卖吧"。

- 把"我会织毛衣"变为"我是一个身家千万的著名艺术家,专为小狗和仓鼠制作外套"。这是我一直希望能梦想成真的事。

- 把"这本书占据了我醒着的每一刻"变为"下个月我就会有时间休息,每天可以早睡晚起"。这是我目前最希望实现的。

好吧……

认为你现在的生活不尽如人意。

但是,只有你自己可以改变它,过一种你想要的生活。

自　助

学会面对明天。

这可能是到目前为止最好的自助练习。

你开始驱除心魔,埋葬过去,展望未来。能够快速、简单、有趣、免费地做到这一点的自助练习并不多。因此,接下来你必须要做的事情是:把意念集中在所有你不喜欢的、与你过去的生活有关的东西上,从总是乱扔衣服到当着孩子的面骂人。然后把意念集中在你喜欢的、与你的新生活有关的所有东西上,从有更多空闲的时间到

7 事情要往好的方面想(……不要往坏处考虑)

能够自己做主。

在把所有这些情绪都宣泄出来的过程中,要积极乐观地去考虑问题,想想你未来的梦想、计划和挑战,无论实现它们的可能性有多大。在这个练习中,你可以最后一次随心所欲地宣泄负面情绪(只管纵情欢乐,把每个小细节都记下来),因为此时你开始变得积极起来。要知道,会计学的基本原理是正负相互抵消。

你需要一张纸和一支笔。在纸中间画一条竖线,然后在靠近顶端的位置,再画一条横线。在左栏里写上"我过去生活中所有负面的东西",右栏里写上"我新生活中所有正面的东西",然后把清单列出来。

一旦这样做了,你会感觉好很多,会变得更加乐观。研究表明,积极向上的人更加快乐,也能更加有效地处理生活中遇到的各种问题。

8
我要报复(……离婚的人说)

生气,发怒,怨恨,记仇,惩罚,报复,以牙还牙,以眼还眼。这就是我们接下来要谈论的话题。这些话题通常我们不愿去碰,更别说提了。现在,我们已经坦率地说出了自己内心阴暗的想法,可接下来我们还打算继续自己的人生旅程,以后要怎么办呢?

虽是陈词滥调,但如果说最好的报复就是生活幸福、事业有成,这话的确不假。因为,相信我,没有一位前任想让你把他们忘得一干而净,不再把他们当回事,而且没有他们照样活得十分滋润。他们可能会假装不在乎，但内心深处却感到自己被人抛弃了，即便之前选择要结束这段婚姻的是他们而不是你。

想到前任过去对自己很不好，就会产生报复的情绪，这让你不仅感到生气，更会怒火中烧。不公正、不公平、被人抛弃、耻辱和冤屈，这些感受如果得不到及时纠正，就会使人有挫折感或者觉得自己受到不公平的待遇，从而产生复仇的心思。但是，说实话，生活有时就是不公平的，为生活辜负了你而感到痛苦，这种情绪会传染且无孔不入，包括你当下的快乐，你未来的希望，你的友情，你的子女们的生活，甚至有可能是你的孙辈们的生活。

所以，在本章结束前，你必须要在"为什么我不报复前任"和"为什么我要放手"之间做出选择。

不要发火

在新生活的这一阶段，你本人的人格力量，包括明辨是非和诚实正直，很重要。这个时候，你应该努力做一个宽宏大量的人，待人谦和，无论在何种情况下，都保持自己的尊严。不管有多么痛苦，现在也要强颜欢笑，在众人面前对你的前任做出正面或者不带感情色彩的评价。一个心中充满仇恨的离婚者就像是深宫怨妇一样，会令人敬而远之。它也会让你陷于绝望之中，做事不计后果。既然生活还要继续，那么我需要提醒你的是，随着时间的流逝，即使最有耐性、最富于同情心的人也会像躲避瘟疫一样去躲避一个离婚的人。

因此，你要在私下里去跟一个关系比较密切且值得信赖的朋友说出你的真实想法，并就此放下，千万不要在人前嚼舌根。

好吧……

坦率地说出你的想法。

但在说之前一定要三思，因为说出去的话就像泼出去的水，永远都收不回来。

不要报复

你比任何人都更了解你的前任；你清楚他的那些小伎俩和弱点，或许你知道如何报复他。但是……

- 不要向收税员透露他们的纳税申报单中的秘密。
- 不要对他们的人寿保险公司说出他们曾经撒过的小谎。
- 不要在他们的茶杯里放泻药。
- 不要趁他们外出度假的时候，把新鲜的大虾塞到他们家的信箱里。
- 不要做一个与他们真人一般大小的假人，给它穿上古驰牌的靴子，然后丢到火堆里。

我之所以说不要做上述事情，是因为这只会让你解一时之恨，而非长久之计。我会清楚这一点是因为我曾经做过上面提到的五件事中的一件！能够坦白此事，让我感觉好受了一些，但是我仍羞于承认自己究竟做了其中哪一件，所以你需要猜一猜（你可以访问 www.pennyrichthewriter.com，看看自己猜得是否正确）。假使你想让自己内心痛快点，那就举办一次"辞旧"晚会吧。（"离婚"晚会听起来会让人觉得有点不舒服。）你可以纯粹为了好玩，重新剪辑你的结婚录像，比如收回吻和戒指，走出教堂，驾车离开。这样的话，至少在你承认内心有挫败感（让它随风而逝）的同时，晚上仍能踏踏实实地睡个好觉。

常见的误解

报复会让你感觉好受一些。

不，不是这样的！

只有推己及人，将心比心，才会让每个人都感觉更好受些（不过你可以天马行空地想象任何你可以实施的报复来过过瘾）。

如果你想实现最好的报复（还记得吗？绝不是散布关于你的前任的恶毒谣言，而是生活幸福，事业有成！），最后一件要考虑的事情就是，如何让所有这些怨恨烟消云散。如果看看离婚让你改变了多少,你就会发现这其实很简单,因为在某种程度上,你的前任也一定发生了改变。你们双方都有责任(我希望是这样),俗话说"金无足赤,人无完人",是人就会有缺点,就会犯错。唯有谅解,才能让你们在相逢时,一笑泯恩仇。一旦原谅了对方,你就会忘记不愉快的往事,让生活继续下去。

* **记住**:(几乎)每个人都应该有第二次机会。

自 助

学会谅解。

这个练习是为了帮助你最终把不良情绪释放出来,让自己感觉好起来。简言之,就是谅解。"谅解"不是一个时髦的词,但是说到报复的时候,这却是一个非常、非常重要的词。你要试着彻底放下过去,朝前看。而你要做的,就是看看为什么你的前任不再出现在你今后的生活中会让你感到高兴——不过,是以一种想象的方式,这应该是最好的报复。

最后一个自助练习,着眼于他们对你所做的你不喜欢的事情(真实的或者想象的),以及可能会带来赎罪心理的报复行为(想象的)。

你需要一张纸和一支笔。在纸的中间画上一条象征性的竖线,在靠近顶端的位置再画一条横线。然后,在上面的两栏里,一边写上"他们曾经做过的令我痛恨的事情(真实的或者想象的)",另一边写上"我想要做的让自己感觉更好受的事情(想象的)"。接下来,在表格里写下你的想法,不管是什么。最后,你要把这张写着你的想法的纸烧掉,因为除了你,任何人都不能看(用治疗的术语来说,烧毁就是一种身体上的释放)。在这之后,一切都更加接近于被谅解或者遗忘。谅解会带来心灵上的平静。

顺便说一句,你可以在一件事情上永远都不原谅你的前任。一定要慎重地选择!

9
关于前任(……如何赢得游戏)

到目前为止,如果这本书还有些用处的话,你应该已经能接受一个观点了,那就是你的前任并非一无是处。当然,你的前任可能还没读过这本书!所以,你仍有可能受到责备、非难和误解。一些尚未了结的事情还需要讨论,如果你有孩子,有正在进行中的计划或决定需要双方共同做出的话。从现在开始,学会如何积极地进行沟通是非常重要的。

在一段关系无可挽回地破裂之后,有的人可能还可以做朋友,而有的人则宁愿成为死敌。要记住,只是你个人与对方的关系结束了,不要因为它而让整个家庭破裂,把孩子们的需要放在第一位是非常重要的。同样要记住的是,为了双方的七大姑八大姨而表现得亲切友好与成为朋友是两回事。没人认为你会再与对方共进一次缺少情趣的烛光晚餐,一起喝速溶的拿铁咖啡,一起沐浴或者共度悠长的假期,除非你这么做一点都不觉得尴尬。总之,即便是置生死于度外的敌人,如西部牛仔和印第安人,也有可能举起白旗要求进行和谈,所以双方千万不要因为离婚而从此变得势不两立。

现在常常会阻碍双方平心静气进行交谈的,是被我客气地称作白噪音①的东西,或者说是大量的背景声音,它们加入到正在进行的讨论中去,特别是如果你的前任已经找到了一个新伴侣。新伴侣的意见一开始都会被倾听,因此他们的需要、观点和意愿就会对最终的决定产生

---

① 白噪音是指一段声音中的频率在整个可听范围内都是均匀的,听上去像是下雨的声音,海浪拍打岩石的声音,或是风吹过树叶的沙沙声。白噪音可用于治疗精神分散、耳鸣、失眠等。

影响，无论你是否喜欢。如果你有一个新伴侣，他们的一些意见（因为他们在设法帮助你）也将会被你考虑在内。

沟通失败的另外一个原因，说得委婉一点，就是旧日的分歧。生活中存在很多种交谈方式，而在长期关系中，任何讨论、协商和相互间的交流都是可预知的，因为我们总是扮演同样的角色，进行同样的对话。你可能仍然在以过去跟对方在一起时的方式进行交流——并没有真正地彼此倾听，而是出现抵触反应，甚至重复着跟以前一样根深蒂固的观点。

我们在不知不觉中进入了以下角色：

- 勒索者："如果你把那个东西给我，我就做这件事……"
- 老板："你（不）应该那样做……"
- 小孩子："哦，求你了。我会听话的，在某个时间回家……只花几块钱……"
- 喜欢争吵的人："我不想……为什么我必须……？别跟我说该做什么……"

- 上司:"别犯傻了/愚蠢/冲动……你不知道自己在说什么……"
- 下属:"您是对的,这只是……我知道自己没搞清楚,但是……"

你是否在上述的角色中认出了过去的你?十有八九我们都这么做过,但是我们与前任的关系和处理这种关系的方式已经结束了。现在,我们需要一种新的成熟的方式进行沟通,就像我们在工作中与同事进行沟通的方式(我需要在这周结束的时候拿到那份报告,拜托了),与权威人士如校长、医生、银行经理进行沟通的方式(我想知道我是否可以……),以及与朋友进行沟通的方式(要努力赶上。你什么时候方便?)。我们有充分的理由进行一场成人间的对话,不带任何感情色彩,这意味着我们更有可能得到我们想要的结果。

* **记住**:即使你很讨厌你的前任,也要对他客气一点,正如有时候,你憎恨自己的老板却不能表露出来。

9 关于前任(……如何赢得游戏)

既然明白游戏规则,接下来就让我们看看如何才能更好地与前任进行沟通吧。

与前任沟通的准则

言归正传:忘记旧的会议室(或卧室)议程,不要理会新的白噪音,满怀信心地展望未来——这是一块"白板",人们正在擦掉上面的字迹,以便从头再来。从现在开始,你只是一个想通过对话来尝试解决问题的成年人,这意味着你必须重新学习表达和倾听。如果遵循以下准则,你就更有可能从前任那里获得你想要的解决方案。正如所有聪明人都明白的一个道理,决定个人职业生涯成败的关键是:如何定位,如何避开不必要的干扰,以及遇到问题时能否表现得冷静。

常见的误解

婚姻关系以分歧而告终,留给双方的是愤怒和痛苦。

是的,的确如此。但那是在过去,此时此刻你们双方的行动方式将会决定未来。

以下这几条建议,将教会社交菜鸟们如何进行成熟有效的沟通。沟通是通过电子邮件、短信还是电话并不重要,我们会帮助你在交谈中掌握主导权,做出正确的回应,获得想要的结果。从现在开始,在与前任沟通时,你要遵循以下准则:

做好准备

想想商务会议是怎么开的!你要有条不紊,事先就想好你要说的话。陈述观点的时候动动脑子,不要总是说"我认为"、"你应该"或者"你必须"这样的话。同时,还要看看对方可能会有什么样的反应,以及你将如何做出应对。在某件事情上,是向对方请求(可协商的)、要求(不可协商的)还是提议(可选择),你需要做出取舍。

要体贴周到

必须注重礼节!要专门安排一个时间来跟对方进行交谈,如果是口头的话,这对你们双方都会比较合适。大家都不想太过劳累或者精力不集中,也不想在对方参加聚会时打电话过去。这么做,确切地说,就是提前做好规划,因为好时机等于好策略。

对人要客气

想想你的银行经理是怎么做的!对人要客气,意味着不要进行人身攻击,不要乱发脾气,不要说"不应该"或者"必须",压根别提过去的事儿。

最重要的是,要深呼吸,保持冷静,说话不要嗓门太大或者把情绪带到讨论中去,不然的话,会显得你一点都不通情达理。如果讨论是通过电子邮件进行,要简洁合理,不要没话找话。

要平和

要学会沉默。不说话的时候,"酷"、冷静、镇定和停顿会使你有时间思考。这也会让对方感觉你正在倾听,正在考虑他们的意见,而这是你必须表现出来的。而且,这还会让你不再激动地喋喋不休,说一些将来可能会让自己感到后悔的话。

要有耐心

想想你的目标!

如果他们没有"听懂"你的意思,那就平心静气地再重复一遍吧。说你明白他们的立场,但你要记得问一下是否有可能达成某种妥协(选择,协商)。面对他们所说的任何激烈、刻薄或者人身攻击的话,你只要一直重复说你认为双方在这一点上达成共识是有好处的即可。

要担起责任

考虑问题要更长远一些！

如果双方的谈话并没有给你带来预期的结果，那就果断地结束这场谈话。不要试图说服他们达成一致，因为这不起作用。相反，要建议双方都考虑一下，等以后再谈。在你挂断电话或者离开之前，尽量安排一个下次你能抽出的时间。

好吧……

同意还是不同意。

你不必每次争论都非赢不可。

有时，在某些关系中，结束就真的是结束了。如果你的前任拒绝跟你沟通，除了接受这个令人恼火的现实外，你再怎么做也是无济于事。对此，我有切身体会，因为我的前夫在一年多前就打定主意不再见我或者说联系我。

千万不要利用子女来充当中间人,为你们传话,只会令他们感到进退两难,不知所措。在你感到内心足够强大的时候,一定要继续努力:时间是最好的疗伤药(双手合十祈求好运)。总有一天,你会设法以一种积极的方式与前任进行沟通。

好了,关于前任,现在我们要讨论的最后一件事就是"新恋情"……

新恋情

最难对付的事,就是如何与同你的前任有性关系(你推测)的人打交道。除非你感觉自己已经做好准备,否则就尽量避免。如果老天要让你在康沃尔①的一家茶馆外意外撞见他们,要尽量表现得优雅迷人,然后继续走你的路。如果你够大度,愿意接受对方的新欢,那就根据自己的具体情况来处理——要明确在哪些场合(学校的比赛、

---

① 英格兰西南部的郡。

9 关于前任(……如何赢得游戏)

婚礼、毕业典礼、家庭聚会等等)有可能与对方打照面,以避免让人感到不舒服的意外或尴尬。如果划定的边界不存在了,那就制定一个"非此即彼"的最终原则。记住,你将不得不接受其他人,如朋友、亲戚甚至是你自己的孩子做出的决定,他们选择的可能不是你。一个残酷的现实是,在现今这个时代,有许多关系是交织在一起的(继子女,继母,同母异父或者同父异母的兄弟姐妹),你必须要么学会敞开胸怀将他们全部接纳,要么从此断绝与他们的一切联系。

而一旦有了新的恋人,切记尽量不要四处向人炫耀!

除此之外,如果未能挽留住你人生中的一段重要感情,你要独立自强,因为你是成年人,而不是一个小孩子。有些人甚至在婚姻解体之前就已经有了新欢,更不必说分居或者离婚了。在离婚判决生效后,其他人很快就取代了他们的前任。而有些人在考虑重新爱上别人之前则需要时间。还有些人对自己从此与对方一刀两断、老死不相往来而感到高兴。其实,在这件事情上谈不上谁对谁错,这只是一场关于新恋情的简短、礼貌、也可能是没有必要的谈话而已。

自　助

学会与喜欢瞎嚷嚷的人相处。

这个自助练习需要长期坚持。要把它看成是行为训练,就像婚姻美满的家庭对待家里的新成员:一只只总是喜欢尖声吠叫的小狗。记住,在《牛津英语词典》(牛津大学出版社)里,"yap"这个词的第二个义项是"以一种令人讨厌的方式口若悬河,滔滔不绝"。在此,这个练习的目的就是为了帮你应付通过电话、短信和电子邮件传来的指责和控诉。

最后,随着时间的推移,在电话或者打字键盘另一端的那个人将学会必须怎么做才能得到他们想要的回应,而不是像狗一样只知道乱叫。这会让你不再有那么多的压力,从而确保你比那个喜欢瞎嚷嚷的人生活得更快乐,活得时间也更长!

对狂吠充耳不闻

当你接到前任纠缠不休的电话时,可以这样处理:

- 一开始要有礼貌,即使你已经通过来电显示知道这是谁打来的电话。

- 然后,如果对方说的很多话你都不想听,假装聋子:想象你是在别的什么地方,或者权当自己是一块石头或者别的什么东西。总之,丝毫不要受其影响。

- 偶尔说一些能让对方听得见但却不置可否的话(嗯……好吧……啊哈……哦),但在低声嘀咕中间,要停顿比较长的时间,而且不要说别的。

- 最后,即使最顽固的人也有精疲力尽的时候,这时候他们可能会言归正传。如果他们这么做了,你回答问题要切中要害,同时表现得愉快而又不失礼貌(作为回报)。如果他们累了,不再不着边际地哇啦哇啦一通乱说,你要说跟他们交谈感觉很愉快,然后把电话挂了。

如果你老是接到威胁或者恐吓电话,不妨报警或者向电信运营商投诉。如果你不睬他们,他们最终会意识到自己找错了对象,转而会去找别人发泄。他们也会意识到,如果表现得友好一些,他们或许会得到自己想要的东西。

废话连篇的邮件

如果你总是从前任那里收到冗长、有时很刻薄但总是纠缠不休的邮件,你可以这样处理:

- 首先,打开邮箱,信读完后按"转发"键。然后在转发地址里输入前任的地址。

- 其次,把鼠标移到原始邮件,在你想要回答的事实和要点上用黄色(这种颜色明亮而又温暖)加以突出。如果没有的话,就忽略这一步,在读过邮件之后,不要按"转发"键,而是直接"删除"。

- 你的信以"亲爱的(名字)"开头,只回答你在原始邮件里用黄色加以突出的事实和要点,转发邮件。不要添加别的内容，也不要说带个人情绪的话。然后按"发送"键。

如果你继续装聋作哑，最终他们会全面败退！至少他们会意识到不能牵着你的鼻子走。

10
学会爱和珍惜(……从今天开始)

现在,是时候停止折磨自己,摆脱懊悔与愁苦,相信奇迹,为可能拥有的美好未来而感到高兴了。好吧,这是童话故事中的结局,但却是真实的生活。或许你还没有准备好,又或者你已经在欢呼雀跃,但是相信我,在未来的某个时刻,你会回过头来把离婚看成只是生活中的另一段插曲而已。

* **记住**:除了你自己,没人能够左右你未来的幸福。

在思考如何拥有一个更美好的未来之前，让我们对你当下的状况来做一个最后的盘点：首先，看看自己究竟走了多远，渡过了哪些难关，自上一段感情结束后都处理过什么事情。你应该为自己感到骄傲。没人会说你从此过上了幸福生活，甚至认为离婚程序已经走了一半，未来你不会再痛苦挣扎。只要读读前面的章节，你就会发现自己已经经历了很多，并且学会了一些窍门、技巧和实用的方法来帮助自己处理现在发生的事情乃至以后会碰到的问题。

你会意识到自己并非个例。生活乱成一团，同时感觉自己还有其他许多问题需要解决，这是极为正常并且是可以预见的；在应对失败时，无所谓对与错，每个人都应该以自己的方式和节奏去解决问题。

你会学到一些与自己有关的东西，这些甚至是你之前都不知道的；你既不是白马王子，也非白雪公主，而且人无完人，是人都会犯错，都有弱点和缺陷，我们必须理解、接受和适应这一点。最重要的是,我希望你能学会爱自己,看到自身的长处,不管内心有什么样的负担,都能卸下包袱,善待自己。

我本人的婚姻是在2009年结束的,我很乐于承认自己还没有完全"从中走出来"。但是,专心迎接一个充满希望的未来,让我根本没有时间去自寻烦恼,所有离婚的人必须努力以此为目标,并为实现它而感到高兴。下面的建议非常有助于你做到这一点。

一个真正的朋友

拥有美好未来的一大绝招是,无论发生什么事,你身边总有带给你欢笑、支持你、爱你的好朋友。他们会充当临时保姆,抓紧你的手,从一旁扶持你,解决你的后顾之忧,在危急时刻出现在你的面前。有他们在身边,你就不必什么事都自己一个人扛了。患难见真情,这就是我们从离婚中学到的重要一课。那些选择你做朋友的人,自有他的道理。因此,从现在开始,你要始终不渝地支持他们。特别是在朋友陷入困境的时候，要敢于为他们两肋插刀，即使此时你也是自顾不暇。

倾听善意的劝告也非常重要。也许对此你未必赞同，但朋友们常常会给出真正符合你最大利益的建议，即使当时给人感觉并非如此。朋友也会给予你巨大的鼓励，因此要保持开放的心态。

寂寞的心

想要不孤独，最好的方式就是坦然面对孤独。

如果你现在还没有找到自己的另一半，你可能会感到孤单，甚至有时候会觉得寂寞，但只要你愿意，你可以超然于物外，朝事情好的一面去想。在你的第一段婚姻中，你可能不得不去适应伴侣的需要，或者与自己的梦想妥协。而现在，无论你的选择是什么，也无论你想做什么，你都可以去做，因为你唯一要取悦的人就是你自己。

这意味着在你长大成人后，你可以破天荒地自私一回！你需要认识到这一点，并去享受这份"自私"，因为将来你可能会选择把伴侣的需要放在第一位,比你想象得还要早。

常见的误解

成为一个离婚的人是孤独的。

不!身处不幸婚姻中的两个人要比一个快乐的单身贵族更孤独。

回想一下,有哪些事是你想做却一直都没有做的,通过实现那些曾经的梦想来打发自己百无聊赖的时光,此时不做,更待何时?不要一个人愁眉苦脸地呆坐在家里。以下建议或许能唤起你的热情:

- 发挥创造性的一面:学习一门语言、一种乐器,学习制图、绘画、做陶罐、镶嵌工艺,学习如何缝纫、写作或者装饰蛋糕。
- 释放身体的活力:健身和锻炼(跑步、散步、游泳或者看影碟),从事一项运动(划船、打网球、飞行、航行),参加放松、减压课程(按摩、伸懒腰、冥想)。
- 放松大脑:学习一门新的技巧(电脑、心理咨询、美容、替代疗法、如何做生意)。
- 尝试一些新的活动:去美术馆、剧院或国外,担任社区志愿者,从事慈善活动,学跳探戈或萨尔萨舞。

你得时不时地提醒自己,如果宅在家里,上面列举的事情你一件都做不了,肯定也交不到新朋友或者遇到任何人。

孤独的心

对一个离婚的人来说,最浪漫的建议莫过于以一种现实的态度去寻找新的意中人。是时候"朝前走"、"冒一次险"、"把自己豁出去"了,或许朋友们已经开始这样鼓励你。他们认为你很棒,值得别人去欣赏你,爱你。不过,在面对各种各样的选择时,你本人一定要保持清醒的头脑,不要抱有一些不切实际的幻想:

- 你上次约会的时候,互联网时代可能还没有到来。网恋是一个现代生活的雷区。如果你正在考虑进行一场网恋,一定要做好思想准备:在遇到"某个人"之前,你将不得不承受(更多)的拒绝。
- 假如你已经从之前失败的感情经历中吸取了教训,第二次收获的爱情只会更加令人心动。如果是这样的话,你可能已经找到了一位高富帅作为你人生的新伴侣。如果不是的话,要当心你可能会刚"逃出苦海"却又跳进了"火坑",所以在你考量新的爱人时,既要用脑,也要用心。
- 如果你从来没有机会遇见某个人,也不必为此而苦恼。在你最不抱希望的时候,命运反而有可能眷顾你。与此同时,如果你积极乐观、幸福快乐、对生活充满热情,生活也会回报你,让你焕发新的活力。飞蛾总是朝有光的地方飞,一定要留意哦。

从今天起

无论接下来遇到什么事情,能够让你坦然去面对的最后一条建议就是:朝前看,而不是总想着回头。

你需要积极地生活在"当下",不要回首往事或者忧心未来。生活在当下意味着下一次挑战或者不幸降临到你的头上时(即使没有离婚,生活也充满了挑战与不幸),你会做出更充分的准备,而不是惊慌失措。你会乐观地问自己:"5年之后,这还重要吗?"你甚至可能开始有这样的想法:"我得到的要比我失去的更多。"这样不是很好吗?

你将会由此而珍惜你的朋友们,努力把握现在,为未来带给你的东西而感到惊喜。如果你能成功地做到这一点,你将会拥有丰富多彩、硕果累累的人生,一个比过去更大胆、更成功、更富有创造力、更开朗、更快乐、更幸福的人生。

好吧……

犯错误。

我们都会犯错,但诀窍在于:要学会从错误中吸取教训。最重要的是:如何弥补这些错误。

自　助

学会快乐。

最后的自助练习是为了让你能开心地走过这一路的风风雨雨。练习有可能是从你审视离婚之路(一条死胡同)开始,最后以该死的离婚而告终——坚强,勇敢,自信,过好每一天,接受挫折,享受成功的每一刻。

为了帮你少走弯路,随手找一张纸和一支笔,在纸的顶端写上"我要快乐的理由"这几个大字。然后把你所能想到的所有理由列在下面,随着时间的推移不断增加理由。有一天,它将会成为你的生活日记。

顺便说一句,如果你能设法做到书中所说的哪怕一半,你的内心都会因此而感到平静。

希望你能做到!

写给亲友的话

分手和离婚,对家庭、朋友的影响几乎与对当事人的一样大。以下是一些初步的指导,可以帮助你处理这些不好的影响。

给孩子的话

- 是父母而不是你自己在离婚。你可以毫无顾忌地爱父母双方,不要有任何心理负担。

- 你无需偏袒任何一方。
- 这不是你的错。
- 生活还要继续,几年之后,新的家庭生活将会"步入正轨"。
- 你不能决定一切,但是要爱你的父母,对他们要体贴一些,即使他们在某一段时间看起来与往常很不一样,比如大喊大叫、哭泣,等等。
- 如果你不喜欢父母的行为方式,告诉他们或者写张字条给他们,因为让他们知道你内心的感受很重要。
- 几乎每两个家庭中就会有一个破碎,因此你有很多朋友都曾有过与你同样的经历,你并不是个例。

给朋友和家人的话

- 在他们内心经历暴风骤雨需要宣泄时,要做一个耐心的倾听者。他们会在你最不方便的时候,无论是白天,还是黑夜,打电话给你。
- 要有同情心。你不必告诉他们做什么,只需小心翼翼地帮他们去权衡自己的选择即可（即使你不同意他们打算要做的事情！）。

- 要积极乐观，振作精神。你需要给他们希望、爱和赞扬，要不断提醒他们，他们能够渡过难关（未来是光明的）。

- 提供支持与帮助。在经济上、照顾孩子、约见顾问或律师方面，他们可能会需要你的帮助。如果可能的话，组织亲友团来分担他们的负担（这将会帮助每一个人）。

- 不要失联。在这一非常时期，如果你能安排一些"正常"的社交生活，这可能会让其他所有人忘记他们的痛苦、压力和焦虑（短时间内！）。例如，晚上带上外卖聚一下，或者在周末全家人一起吃顿午餐，去看场电影，好好散个步或者做点其他运动。

* **记住**：当有一天你回首往事的时候，你会把它当作一段遥远的回忆。

图书在版编目(CIP)数据

如何走出分手阴影/(英)佩妮·里奇 著;高建红 译. --上海:华东师范大学出版社,2017.2
(速成手册系列)
ISBN 978-7-5675-5718-5

Ⅰ.①如… Ⅱ.①佩…②高… Ⅲ.①恋爱-手册 Ⅳ.①C913.1-62

中国版本图书馆 CIP 数据核字(2016)第 230546 号

如何走出分手阴影

著　者	(英)佩妮·里奇
译　者	高建红
责任编辑	徐海晴
封面设计	吴元瑛
出版发行	华东师范大学出版社
社　址	上海市中山北路 3663 号　邮编　200062
网　址	www.ecnupress.com.cn
电　话	021-60821666　　行政传真　021-62572105
客服电话	021-62865537
门市(邮购)电话	021-62869887
地　址	上海市中山北路 3663 号华东师范大学校内先锋路口
网　店	http://hdsdcbs.tmall.com/
印　刷　者	上海盛隆印务有限公司
开　本	787×1092　1/32
印　张	4.125
字　数	47 千字
版　次	2017 年 2 月第 1 版
印　次	2017 年 2 月第 1 次
书　号	ISBN 978-7-5675-5718-5/G.9840
定　价	18.00 元
出版人	王　焰

(如发现本版图书有印订质量问题,请寄回本社客服中心调换或电话 021-62865537 联系)

First Steps through Separation & Divorce

by Penny Rich

Text by Penny Rich. Original edition published in English under the title **First Steps through Separation & Divorce** by Lion Hudson plc, Oxford, England

This edition copyright © 2012 Lion Hudson

Published by arrangement with Lion Hudson plc, Oxford, England

Simplified Chinese Translation Copyright © 2017 by East China Normal University Press Ltd.

ALL RIGHTS RESERVED.

上海市版权局著作权合同登记　图字:09-2014-918 号